예민해서 미안해

对不起，我可能对人过敏

ISBN: 978711562178

This is an authorized translation from the SIMPLIFIED CHINESE language edition entitled
《对不起，我可能对人过敏》published by Posts & Telecom Press Co., Ltd., through Beijing United
Glory Culture & Media Co., Ltd., arrangement with EntersKorea Co.,Ltd.

예민해서 미안해

내성적인 사람들의
소리 없이 강한
성장 법칙

우멘 지음

박영란 옮김

더페이지

고양이처럼 세상과 편안한 거리를 유지하면
세상은 시끄럽지만
혼자서도 즐겁게 지낼 수 있다.

성격을 바꾸려고 애쓰지 마라

내성적인 사람들이 자주 하는 말이 있다. "예민해서 미안해." 곰곰이 생각해 보니 정말 그런 것 같다. 내성적인 사람은 대화가 서툰 편인데, 상대방이 열 마디 할 동안 한마디도 겨우 할까 말까다. 그것도 '네', '아니요' 또는 '음…'처럼 매우 간단히 대답하거나 추임새에 불과한 말을 할 뿐이어서 같이 이야기를 나누다 보면 속이 답답해진다.

그뿐만 아니라 내성적인 사람은 인간관계도 잘 맺지 못한다. 누군가 기뻐할 때 함께 즐기거나 그런 분위기를 조성하지도 못하고, 누군가 슬퍼할 때 같이 울어 주거나 따뜻한 위로의 말도 건네지 못한다. 무엇보다 그들은 다른 사람과 소통하는 것을 좋아하지 않는다. 회사에서도 혼자 업무를 하려는 탓에 그들의 업무나 진행 상황을 잘 몰라 늘 상사의 마음을 졸이게 하거나 팀원들을 불안하게 만든다.

그들은 누군가를 만나기만 해도 어쩔 줄 몰라 하며 과민 반응을 보인다. 이런 까닭에 많은 사람이 내성적인 성격을 단점으로 여기고 가능한 한 외향적으로 변하려고 노력한다.

나 역시 그랬다. 대학을 졸업한 후 내성적인 성격을 고치려고 일부러 영업직을 선택했는데, 그렇게라도 나를 표현하고 낯선 사람과 교류하며 이 사회에 적응할 수 있기를 바랐다. 하지만 결과는 참담했다. 그때는 내 인생에서 가장 힘들고 막막한 시기였다. 우리는 본성에 맞지 않는 일을 하느라 안간힘을 쓸 때 비로소 '일은 배로 하는데 성과는 반도 안 된다'는 말의 의미를 실감한다. 그렇게 힘든 시기를 겪다가 어느 날 자문했다.

'왜 굳이 성격에도 안 맞는 일을 하려는 걸까?'
'왜 내가 그토록 싫어하는 사람이 되려고 애쓰는 걸까?'

이후 더는 나를 괴롭히지 않기로 했다. 나 자신과 화해하고 내면의 소리에 귀를 기울이자 나만의 편안한 리듬에 맞춰 살 수 있었다.
나는 말하는 것을 별로 좋아하지 않지만, 글쓰기를 좋아하고, 사람이 많고 북적이는 것은 싫어하지만, 혼자 가만히 생각하는 것은 좋아한다. 여러 가지 일에 서투르지만, 심리학 분야에서만큼은 누구보다 강한 열정과 통찰력을 갖추고 있다. 누구나 자신의 문제에만 매달리지 않고 좋아하고 잘하는 것에 관심을 돌리면 내적으로는 몸과 마음이 편안해질 뿐만 아니라 외적으로는 일과 생활도 점점 나아질 것이다.

진정한 자신이 되어야만 더 나은 나를 만날 수 있다. 내성적인 사람이 인간관계에 서툴고 예민하다고 해서 성격 자체에 문제가 있는 것은 아니다. 내성적인 것과 외향적인 것은 모두 성격의 종류일 뿐, 서로 다르고 차이가 있을 뿐 좋고 나쁨은 없다.

우리가 사람의 가치를 평가할 때 크게 두 가지를 살펴보는데, 하나는 업무적 측면에서 그 사람이 일할 수 있는 능력이 있는지, 얼마나 많은 성과를 거둘 수 있는지이다. 다른 하나는 관계적 측면에서 그 사람의 인간관계는 어떤지, 다른 사람에게 인기가 있는지 등을 확인한다.

내성적인 사람은 다른 사람에게 지나친 관심을 받는 것을 좋아하지 않으며 사교 활동에 본능적으로 거부감을 느끼는 편이다. 그래서인지 내성적인 사람은 외향적인 사람에 비해 인간관계에서 가치를 찾거나 성취감을 느끼기 쉽지 않다. 그러나 내성적인 사람은 더 독립적이고 합리적이며 집중력이 높은 편이다. 또 일을 처리할 때 발휘되는 깊은 사고력은 외향적인 사람이 쉽게 따라잡을 수 없는 능력이다.

널리 알려진 마크 저커버그, 빌 게이츠, 아인슈타인, 간디, 무라카미 하루키 등은 전형적으로 내성적이다. 겉으로 조용하고 나약해 보이지만 그 내면에는 엄청난 에너지를 품고 있다. 내성적이라고 함부로 자신을 과소평가하지 마라. 그로 인해 열등감을 느낄 필요도 없다. 누구에게나 자기만의 특별한 재능이 있다. 관건은 자신의 장점을 찾아내어 최대한 활용하는 것이다. 그러면 자신에게 딱 맞는 인생 리듬을 찾을 수 있다. 구체적으로 어떻게 하면 좋을까? 바로 이것이 내가 이 책에서 중점적으로 다룬 내용이다.

나에게 맞는
인생 리듬 찾기

이 책을 통해 내성적인 사람이 일상생활에서 고민하는 문제를 살펴볼 것이다. '관계적 측면'에서는 인간관계에서 오는 불안감이나 대화 소재의 고갈, 다른 사람과의 갈등에 대한 두려움을 다루고, '감정적 측면'에서는 자신감과 자존감 하락, 사랑하는 사람과의 소통 불가에 따른 걱정들을 들여다본다. 또 '사회적 측면'에서는 부족한 자기 홍보와 조직 내 존재감 부재 등에 관한 문제를 다룬다. 이런 구체적인 문제와 상황 분석을 통해 내성적인 사람이 자신의 성격에 맞는 방식으로 도전을 받아들이고 대응함으로써 삶을 더 잘 살아가는 방법을 찾을 수 있다. 내성적인 자신의 성격을 더 잘 이해하고, 더 나아가 가족, 친구, 동료가 내성적이어서 그들과 더 잘 어울리는 방법을 알고 싶다면 이 책이 필요한 도움을 줄 수 있으리라 믿는다.

마지막으로 이 책에서 얻었으면 하는 통찰은 내성적인 사람은 금광金鑛처럼 그 안에 어마어마한 에너지를 품고 있으나 한눈에 알아볼 수 없다는 사실이다. 인내심을 갖고 자신의 리듬에 맞춰 살아간다면 잠재된 능력을 발휘할 기회는 꼭 찾아온다. 여러분에게도 하루빨리 그런 기회가 찾아오기를 바란다.

저자 우멘

차례

프롤로그

성격을 바꾸려고 애쓰지 마라 ———— 011

1장

나는 내성적인가,
외향적인가?

이웃집 토토로를 닮았다면 ———— 023

내성적인 성격의 비밀 ———— 027

신경전달물질이 다르다 ———— 038

내성적 성향에 숨겨진 장점 ———— 043

2장

모두에게
사랑받는 사람은 없다

사람과의 관계는 마음가짐이다 ———— 049

오해 1: 외향적인 사람인 척해야 해 ———— 052

오해 2: 절대 실수해선 안 돼 ———— 061

오해 3: 나를 싫어할까 봐 두려워 ———— 068

상황별 맞춤 솔루션

신체 불안을 완화하는 세 가지 방법 ———— 073

3장

천천히 타올라야
오래간다

무관심한 게 아니라 시간이 필요한 거야 —————— 079

느리지만 진정성 있게 다가가기 —————— 082

진짜 좋은 관계는 더디게 온다 —————— 088

상황별 맞춤 솔루션

새로운 환경에 빠르게 적응하는
두 가지 방법 —————— 094

4장

당신이 대화를 못하는 건
말솜씨 때문이 아니다

무슨 말을 해야 할지 모르겠다면 —————— 099

내성적이지만 주도적으로 대화하는 법 —————— 107

50% 원칙을 기억하라 —————— 112

상황별 맞춤 솔루션

긍정적 의사소통:
머리보다는 감정적인 대화의 기술 —————— 118

5장

미움받을 용기가
필요하다

갈등 공포증 —————— 125

갈등은 언제나 있기 마련이다 —————— 131

화를 참는 것만이 능사는 아니다 —————— 137

상황별 맞춤 솔루션

그냥 넘길까, 정면으로 부딪칠까? —————— 144

6장

거절하고 싶은데
말은 못 하겠고

자기 마비 상태에 빠지지 마라 —————— 149

소모적인 관계는 당신의 잘못이 크다 —————— 154

무한 신뢰가 당신을 망칠 수 있다 —————— 160

상황별 맞춤 솔루션

상황 1: 거절하는 기술 —————— 168

상황 2: 싫어하는 사람과 지내는 방법 —————— 170

7장

어떤 사람도
완벽하지 않다

좋아할수록 다가가지 못하는 사람들 ———— 177

사랑할 때 장밋빛 안경을 쓴다 ———— 181

당신은 생각보다 더 매력적이다 ———— 189

상황별 맞춤 솔루션

마음에 드는 사람에게
호감을 사는 '구름다리 효과' ———— 202

8장

사랑의 감정은
함께 만들어 간다

시작은 쉽지만 지켜내기는 어렵다 ———— 207

과도한 기대로 우리는 감정을 소모한다 ———— 216

누가 나를 예민하게 만드는가? ———— 221

상황별 맞춤 솔루션

친밀한 관계를 유지하는 두 가지 방법 ———— 230

9장 인생의 사막을 무탈하게 건너는 법

상처 없는 삶은 없다 ——————— 237

감정적 트라우마에서
벗어나지 못하는 이유 ——————— 246

각자의 인생에는 고유한 리듬이 있다 ——————— 252

상황별 맞춤 솔루션

우울할 때 써먹는 자기 치유법 43가지 ——————— 256

10장 직장에서 내성적인 나를 표현하기

성실한 사람일수록 무시당하는 이유 ——————— 263

말하기 불안을 극복할 수 있을까? ——————— 272

다른 사람을 설득하는 두 가지 경로 ——————— 278

성공한 사람들은 대부분 내성적이다 ——————— 282

대체 불가한 사람 되기 ——————— 289

진정으로 좋아하는 일을 해라 ——————— 293

상황별 맞춤 솔루션

윗사람 공포증 줄이는 법 ——————— 297

1장

나는 내성적인가,
외향적인가?

내성적인 사람은 일반적으로
사회적 욕구가 낮다.
그들은 두려워서가 아니라
단지 관심이 없어서
다른 사람에게 먼저 다가가지 않는다.

이웃집 토토로를 닮았다면

거리감은 있지만 깊은 정이
느껴지는 사람

일본 애니메이션의 거장 미야자키 하야오Miyazaki Hayao의 〈이웃집 토토로My Neighbor Totoro〉에는 숲의 요정 토토로가 나온다. 토토로의 가장 큰 특징은 사람과의 교류를 꺼린다는 점이다. 토토로는 작은 시골 마을의 아주 은밀한 숲속에 살고 있어서 미로처럼 꼬불꼬불한 길을 한참을 따라 들어가야 비로소 만날 수 있다. 그렇게 사람들과 거리를 두고 지내다가 어쩌다 발견되기라도 하면 토토로는 자기 짐을 챙겨서 몰래 빠져나가곤 한다.

토토로가 이토록 사람을 멀리하는 이유는 사람에게 적대감이 있어서가 아니라 다른 사람에게 방해받고 싶지 않아서다. 만약 상대방이 작품에 등장하는 두 주인공 자매 사츠키와 메이처럼 '악의가 없고 귀찮게 하지 않는다면' 얼마든지 상대방을 받아들이고 함께 즐거운 시간을 보내기도 한다. 겉으로는 차가워 보여도 따뜻한 마음을 가진 토토로는 누군가가 어려움에 처하거나 위험한 상황에 빠지면 조금도 주저하지 않고 나서서 마법을 부려 그 사람을 구해 준다. 우리가 사는 세상에서도 토토로와 비슷한 유형의 사람들을 찾아볼 수 있다. 토토로 유형의 사람은 다음과 같은 특징이 있다.

* 과묵하여 평소에 말이 많지 않다

한 친구는 길을 가다가 아는 사람을 만나면 인사말을 건네거나 대화를 나누기보다 고개를 끄덕이고 미소를 지어 보이는 것으로 대신한다. 그를 잘 모르는 사람이 보면 언어장애가 있다고 생각할 정도였다. 이런 유형의 사람에게 언어가 가진 소통 능력은 반만 활용되는 셈이다. 실제로 소통 능력이 있어도 사용 빈도는 정말 낮다.

* 본능적으로 사람들과 거리감을 유지한다

처음 만났을 때는 그들의 다정한 성격과 미소 띤 얼굴에 끌려서 당장이라도 좋은 친구가 될 것 같지만 실제로 몇 년을 알고 지내도 두 사람의 관계는 처음 만났을 때의 상태에 머물러 있음을 깨닫게 될지도 모른다. 즉, 긴 시간 알고 지냈어도 정작 서로에 대해 아는 것은 별로 없다. 두 사람 사이에는 늘 보이지 않는 유리 벽이 존재 하는 것 같다. 그제야 우리는 그들과 물리적으로는 얼마든지 가까 워질 수 있더라도 진짜 마음을 나누고 친밀해지기는 너무 어렵다는 사실을 깨닫는다.

그들은 인간관계에서 '서로 예의를 갖추는 것이 좋고 너무 가까워질 필요는 없다'라는 입장이며 그런 상태를 즐기는 것 같다. 그래서 친구가 되려면 높은 문턱을 넘어야 한다. 그들은 평생 친하게 지내는 친구가 서너 명밖에 없을 정도로 인간관계가 좁은 편이다. 그들은 말 그대로 끝까지 함께할 수 있는 '평생 친구'를 사귄다. 보통 인간의 감정은 시간이 지나면 쉽게 사그라질 수 있는데 그들은 아니다. 이런 친구를 사귄다면 6개월 이상 만나지 못해도 다시 만났을 때 이전에 느꼈던 친밀함과 서로를 향한 믿음을 금방 되찾는다. 관계 안에서 그들은 언제나 한결같고 누구보다 정이 많다. 우리는 이런 사람을 흔히 '내성적'이라고 말한다.

일상생활에서 나타나는 내성적인 사람의 성향

* 평소 말수가 적고 과묵하다.
* 주말에는 모임에 나가거나 친구를 만나는 대신 집에 있는 것을 선호한다.
* 대화할 때 적극적으로 말하기보다 잘 들어주는 사람이다.
* 정말 좋아하고 신뢰할 만한 사람과 친구가 된다.
* 자신 없는 말이나 행동은 하지 않는다.

* 사람이 많거나 복잡하고 시끄러운 장소에 오래 머물면 피로감을 느낀다.

* 새로운 환경이나 사람에 적응하는 데 오랜 시간이 걸린다.

* 혼자 있을 때는 생각이 많지만 다른 사람과 있을 때는 주관이 없어 보인다.

* 메시지를 보낼 때 말보다는 문자를 더 선호한다.

* 둔해 보이지만 예민하고 감정이 풍부하다.

* 전문 분야에서 특히 높은 성과를 거둘 때가 많다.

예민해서 미안해

내성적인 성격의 비밀

사회적 욕구가 낮고
현실 적응이 어렵다

내성적인 성격을 판단할 때는 주로 인간관계에서 보여 주는 행동에 근거한다. 외향적인 사람이 인간관계에서 보여 주는 적극성과 능동성, 열정과는 달리 내성적인 사람은 사람들과 어울릴 때 더 차분하고 절제된 태도를 보인다.

심리학 용어 가운데 '자기 노출self-disclosure'이 있다. 이는 자신의 진실하고 중요한 정보를 자발적이고 의식적으로 다른 사람에게 드러내는 것을 말한다. 거리가 먼 관계를 가까운 관계로 전환하는 열쇠는 서로가 자기 노출을 원하고 기꺼이 할 수 있는지를 확인하는 것이다. 외향적인 사람은 자기 노출에 능숙하고 적극적으로 자신을 표현하기 때문에 낯선 사람의 호감을 쉽게 얻는다. 반면에 내성적인 사람은 항상 자신을 꼭꼭 싸매서 다른 사람이 자신을 파악하거나 알아차리지 못하도록 일정한 거리를 유지한다. 대개 이런 요소는 내성적인 사람이 인간관계에서 더 좋은 모습을 보이는 데 부정적 영향을 미치거나 심지어 절대적인 걸림돌로 작용하기도 한다. 왜 내성적인 사람은 인간관계에서 이러한 특징과 경향을 보일까?

심리적 에너지가 향하는
방향에 따라 달라진다

내성적인 사람은 과묵하여 대화할 때 무슨 말을 어떻게 해야 할지 모른다. 다른 사람과 관계를 맺는 데 미숙하고 세상 물정에도 밝지 않다. 외향적인 사람과 내성적인 사람 둘 다 '내성적인 사람은 사회성을 키워야 한다'는 데 동의한다.

대개 인간관계에서 내성적인 사람이 외향적인 사람보다 어려움을 겪는 이유는 무엇보다 사람들과 어울리는 것을 두려워하기 때문이라고 말한다. 그들은 대체로 낯선 이를 만나면 긴장감에 말을 더듬거나 의사 표현을 제대로 하지 못한다. 또 모르는 사람을 만나면 얼굴이 빨개지고 지나치게 몸을 사린다. 바로 이런 모습 때문에 많은 사람이 주변에서 내성적인 사람만 보면 "다른 사람과 어울리려면 더 대담해져야 해"라며 어쭙잖게 조언하곤 한다.

하지만 이는 잘못된 고정관념이다. 사실 내성적인 사람이 인간관계에 소극적인 이유는 사람 사귀는 것을 두려워해서가 아니라 굳이 사귀고 싶지 않기 때문이다.

두려움은 아주 강렬한 감정으로 어떤 사람이나 일, 또는 상황을 마주했을 때 나타나는 본능적인 반응이다. 때로 이런 감정은 거세게 몰아치는 파도처럼 순식간에 사람을 집어삼킨다. 한편으로는 매우 커다란 변화를 몰고 올 때도 있어서 일단 두려움이라는 감정을 극복하면 원래 두려워했던 것들이 더는 우리에게 아무런 영향을 미치지 않는다. 많은 사람이 인정하는 것처럼 바깥으로 나가서 사람을 많이 만나고 배짱을 더 키워서 인간관계를 방해하는 '마음속 악마'를 이겨 내면 자유롭게 다른 사람과 사귈 수 있다. 그러나 실제 상황은 그리 간단치가 않다.

내면의 소리

"그냥 혼자 있고 싶어요."

친구든 가족이든 얼마간 같이 있다 보면 어느 순간 혼자 있고 싶고, 얼른 퇴근해서 좋아하는 게임을 좀 하다 잠들고 싶어진다. 누구와 오래 있든 나는 얼른 헤어지고 싶다. 대부분 혼자 있을 때가 더 편하고 자유롭다.

이것이 내성적인 사람의 가장 전형적인 심리 상태다. 심리학자들은 내성적인 사람이 일반적으로 사회적 욕구가 낮다고 생각한다. 그들은 두려워서가 아니라 그저 관심이 없기 때문에 다른 사람들에게서 멀어지려는 것이다. 사람은 관계의 산물이며 모든 사람은 사회적 관계가 필요하다고 말하지만, 사람의 유형에 따라 사회적 욕구가 다르다. 시끄럽고 북적거리는 무리에 있기를 좋아하는 사람은 주변에 사람이 많을수록 더 신이 나고 힘을 얻는다. 이러한 사람은 사회적 활동에 대한 욕구가 높은 편이다. 반면에 정해진 소수의 사람과 교제하기를 원하는 사람은 '일대일' 또는 서너 명의 '소규모 모임'에서 훨씬 편안함을 느낀다. 이러한 사람은 사회적 활동에 대한 욕구가 낮은 편이다. 어떻게 보면 내성적인 사람은 '관계의 양보다 질'에 대한 욕구가 더 높다.

여기서 중요한 것은 왜 내성적인 사람의 사회적 욕구가 낮은가하는 점이다. '내향적'과 '외향적'이라는 개념은 분석심리학의 창시자인 카를 구스타프 융Carl Gustav Jung이 처음으로 사용했다. 이를 구분하는 기준은 개인의 심리적 에너지가 어디를 향하는지에 달려있다. 한마디로 '힘들 때 어떻게 에너지를 충전하는가'에 대한 답으로 가를 수 있다. 외향적인 사람의 심리적 에너지는 외부 세계, 특히 그 세계의 사람들을 향해 있다. 주변에 누군가가 있는 것을 보면

예민해서 미안해

마치 어린아이가 좋아하는 장난감을 보듯이 몸속의 열정과 에너지를 발산한다. 외향적인 사람은 사람들과 대화하고 교제하는 것을 즐긴다.

내성적인 사람의 심리적 에너지는 내부 세계를 향한다. 그들의 관심은 자신의 생각과 감정, 세상이 움직이는 법칙 등 모두 이면에 존재하는 논리이다. 이러한 내면의 인식과 사고는 그들에게 더 큰 만족감을 준다. 내성적인 사람에게 지나치게 많은 인간관계는 그들이 내면에 몰입할 수 없게 만들어 과도한 에너지를 소비하게 하는 하나의 방해물에 지나지 않는다. 따라서 실제로 내성적인 사람의 사회적 욕구는 전체적으로 낮을 수밖에 없다. 물론 그들에게도 사회성은 여전히 필요하다. 하지만 삶의 기본 욕구를 충족할 정도로 조금만 있으면 될 뿐 많을 필요는 없다. 카를 융의 이론에 따르면 내성적인 사람과 외향적인 사람은 지구상에 함께 살지만 같은 세상에 사는 것은 아니다.

뚜렷한 현실 감각이 있는
외향적인 사람

매일 아침 눈을 뜨면 우리가 보고 듣고 만지는 것, 그리고 우리 몸이 존재하는 구체적이고 생생한 현실 세계는 외향적인 사람이 가장 동경하고 머물고 싶어 하는 세상이다. 그들은 기꺼이 이 세상과 다른 사람들에게 자신의 마음을 활짝 연다. 예를 들어 외향적인 사람은 자신의 감정을 직접적으로 표현한다. 기쁘면 크게 웃고, 화가 나면 분노를 참지 못해서 사람들에게 거침없고 변덕스럽다는 인상을 준다. 이러한 행동의 본질은 자신의 감정을 외부에 표출하여 이 세상에 흔적을 남기는 것이다.

이들은 또한 말하고 표현하기를 좋아한다. '일대일'로 하는 대화든 대중 앞에서 하는 강연이든 외향적인 사람은 자신감이 넘치고 활기 있게 이야기하며 끊임없이 다른 사람에게 자신의 생각과 관점을 관철시킨다. 이러한 행동의 본질은 자신의 개인적 의지를 외부로 표출하여 자신의 목소리를 세상에 남기는 것이다. 마음껏 자신을 드러내고 표현할 수 있을 때 그들의 삶은 한 송이 꽃처럼 피어나 자신뿐만 아니라 다른 사람을 기쁘게 한다.

현실 세계는 우리 삶의 경험을 확대할 수 있는 거대한 마법 거울과 같다. 사람은 잘생긴 외모만으로는 부족하기에 자신의 아름다움을 선명하게 볼 수 있는 거울이 필요하다. 외향적인 사람이 인간관계에서 만나는 다른 사람은 바로 이 거울이다.

좋은 일을 하고 혼자 "잘했어"라며 마음속으로 칭찬하면 자기 가치 확인self-affirmation의 행복 지수는 6점 정도에 머문다. 하지만 다

예민해서 미안해

른 사람이 엄지손가락을 치켜세우고 "정말 대단해"라고 말해 준다면 그 사람의 행복 지수는 10점까지 오를 수 있다. 즉, 다른 사람이라는 '거울'로 인해 삶의 다양한 경험이 훨씬 더 높은 수준으로 향상되어 더 많은 기쁨과 행복을 누린다.

외향적인 사람은 낯선 사람이든 친한 사람이든 관계없이 사람들과 어울리고 교제하는 것을 좋아한다. 그 이유는 간단하다. 이러한 인간관계와 교제를 통해서 즐거움을 얻고 더 많은 인정과 만족을 얻을 수 있기 때문이다.

내면세계에서 자신을 표현하는 내성적인 사람

픽사의 애니메이션 영화 〈소울 Soul〉에는 '문윈드 Moonwind'라는 캐릭터가 등장한다. 그는 매일 뉴욕 한복판에서 화살표 모양의 간판을 돌리며 지루하고 무료한 일상을 사는 것처럼 보인다. 아무도 그를 주목하거나 신경 쓰지 않는다. 평범해도 너무 평범하게 살아가는 사람이다. 그러나 사실 그는 '무아지경'이라는 신비한 세계에 들어갈 수 있는 초능력자이다. 그곳에서 그는 방향이나 목표를 잃은 채 검은 모래로 뒤덮인 영혼을 치료하고 그들이 자신의 몸과 다시 연결되어 자아를 찾을 수 있도록 도와주는 지혜롭고 존경받는 선장이었다.

내성적인 사람은 문윈드와 비슷한 면이 많다. 그들의 몸은 현실 세계에서 존재하고 활동하지만, 그들의 생명 에너지는 다른 세계, 즉 내면세계에 더 관심이 크다.

모든 사람은 두 개의 세계에서 살아간다. 하나는 개인의 의지로 변화하지 않고 객관적으로 존재하는 '외부 현실 세계'이고, 다른 하나는 우리 뇌에 존재하는 '내부 심리 세계'로 뇌가 외부 현실 세계를 스캔하고 가공해서 만들어 내는 하나의 가상 세계다. 이 세계는 주관적이며 그 안에는 개인의 생각과 관점, 소원, 상상으로 가득 차 있다.

현실 세계는 외향적인 사람에게 더욱 직접적인 삶의 경험을 선사하고 그들이 더 나은 자신을 찾을 수 있게 한다. 그렇다면 내면의 심리 세계는 내성적인 사람에게 무엇을 가져다줄까?

인간의 이상적인 상태는 '자기 자신이 되는 것'이지만, 현실에서 이를 실현하는 데는 어려움이 따른다. 사람 사는 곳이면 어디든 필연적으로 자기 의지의 경쟁과 다툼이 있게 마련이다. 예를 들어 부모와 자녀 간에 자녀는 그림을 그리고 싶어 하는데, 부모는 "너는 그림보다 피아노를 더 잘 쳐야 해"라고 한다면 과연 누구의 말을 들

예민해서 미안해

어야 할까? 누구의 생각대로 해야 할까? 이것이 바로 자기 의지를 관철하기 위한 싸움이다. 상대적으로 외향적인 사람은 자의식이 더 강한 데다가 이런 상황에서 자주 승리하는 편이고, 충분히 자기 생각을 지켜낼 수 있기에 경쟁을 두려워하지 않는다. 반면에 내성적인 사람은 자의식이 약하고 다른 사람을 대할 때 강한 태도를 보이지 못해 자기 뜻을 관철시키는 경쟁에서 자주 타협하거나 뒤로 물러난다.

그 결과 내성적인 사람은 실생활에서도 자신의 존재감을 찾지 못하고 심지어 자신을 잃어버릴 때가 많다. 하지만 내면세계는 다르다. 여기는 단 하나, 자신의 소리만 존재하므로 다른 사람이 뭐라고 하든 신경 쓸 필요가 없고 그로 인해 자신이 영향을 받거나 방해를 받을까 봐 걱정하지 않아도 된다. 그저 자신이 원하는 대로 생각하고 세상을 경험할 수 있다. 따라서 현실 세계의 다양한 제약에 비해 내면세계는 내성적인 사람들에게 상대적으로 독립적인 공간을 제공한다. 이 공간에서 그들은 영혼의 자유로움을 마음껏 느끼고 진정한 자신이 된다.

내면세계에 몰입할수록
창의적이다

외향적인 사람에게는 혼자 있는 것이 무미건조하고 지루할 수 있다. 그러나 내성적인 사람일수록 혼자 있을 때 생각을 깊이 할 수 있다. 물리학자 아인슈타인Albert Einstein은 이렇게 말했다.

"조용한 삶의 단조로움과 외로움은 나의 창의력에 영감을 준다."

작가 무라카미 하루키Murakami Haruki는 혼자 있는 순간에 대해 이렇게 말한다.

"혼자 있기를 좋아해서 홀로 있어도 전혀 힘들지 않다. 나는 매일 한두 시간 아무와도 이야기하지 않고 그저 달리거나 글을 쓰는데 전혀 지루하지 않다. 나는 사람들과 함께 일하는 것보다 혼자 조용히 책을 읽거나 음악 듣는 것을 더 좋아한다. 혼자 할 수 있는 일을 다양하게 생각해 낼 수 있다."

내성적인 사람의 내면세계에 대한 탐색은 결코 피상적인 수준에 만족하지 않는다. 그들은 그 뒤에 숨겨진 논리와 규칙, 본질과 의미를 찾는 데 몰두한다. 그래서인지 내성적인 사람은 대개 깊게 사고하는 편이다. 어떤 일이 일어났을 때, 그들은 무슨 일이 일어났는지에 관심을 기울이는 것 외에도 왜 그런 일이 일어났는지, 배후에 어떤 요인이 있는지, 이 일의 의미는 무엇인지까지 생각을 확장한다. 이런 생각의 흐름이 있기 때문에 내성적인 사람은 세상을 바라볼 때 통찰력을 발휘하여 더 깊은 이해를 끌어낼 수 있다.

더 깊이 생각하면 더 많은 창의성이 나온다. 자신의 내면세계에 자주 집중하는 사람은 '몰입' 상태에 쉽게 빠져들 수 있다. '몰입'이란 긍정심리학자 미하이 칙센트미하이 Mihaly Csikszentmihalyi가 창시한 이론으로, 자신의 에너지를 어떤 일에 전적으로 쏟을 때 그 일이 매우 자연스럽게 진행되는 상태를 말한다. 이 상태에서는 효율성이 높아질 뿐만 아니라 창의적인 영감도 계속해서 떠오른다.

작가나 음악가, 화가, 과학자 등 창의적인 작업이 필요한 직업군일수록 내성적인 사람이 차지하는 비율이 높다는 사실을 알 수 있다. 이는 내성적인 사람은 자신의 내면세계에 더 집중하고 세상의 본질을 탐구할 수 있어서 더 많은 것을 발견하고 창조할 수 있기 때문이다. 예술과 창의적 활동은 내성적인 사람이 자신을 세상에 표현하는 가장 좋은 방법이자 자신의 가치와 인간적인 매력을 발산하는 방법이다. 그렇기에 내성적인 사람은 삶의 무게 중심을 현실 세계에서 내면세계로 옮겨서 10일 중 3일은 현실 세계에서 살아가고, 나머지 7일은 자신의 내면세계에 녹아들어 살아간다.

신경전달물질이 다르다

도파민 인생 vs.
아세틸콜린 인생

　세상과 상호작용할 때 내성적인 사람과 외향적인 사람의 방식이 완전히 다른 이유는 무엇일까? 앞서 나눴던 심리적 욕구 차이 외에도 생리적 특징의 차이가 한몫한다.

　내성적인 사람은 조용한 것을 좋아하지만 외향적인 사람은 떠들썩한 것을 좋아한다. 조용하다는 것은 외부 자극이 적다는 것을, 떠들썩하다는 것은 외부 자극이 많다는 사실을 의미한다. 이 차이는 왜 발생할까?

　생리학적으로 봤을 때 그 차이는 도파민dopamine에 반응하는 정도가 사람마다 다르기 때문이다. 도파민은 우리 뇌 속에서 분비되는 신경전달물질로 사람을 흥분시키고 성취감이나 쾌락을 느끼게 한다. 도파민에 반응하는 정도는 성격 유형에 따라 다르게 나타난다.

외향적인 사람은 도파민에 덜 민감하다. 즉, 혼자서는 즐거움을 만들어 낼 수 없기에 도파민 분비를 활성화하기 위해 많은 외부 자극을 원한다. 바로 이 때문에 외향적인 사람이 떠들썩하고 시끄러운 장소를 선호하고, 친구를 자주 만나거나 사교 모임을 좋아하고, 스릴 넘치는 취미(스케이트보드, 서핑 등 익스트림 스포츠)를 즐기는 것이다. 외향적인 사람은 고강도의 외부 자극이 있어야 원하는 만큼의 도파민 수치에 도달할 수 있다.

이와 달리 내성적인 사람은 도파민에 아주 민감하다. 아주 약간의 자극에도 쉽게 흥분하고 즐거움을 느낀다. 그래서인지 그들은 조용한 환경을 좋아한다. 혼자 음악을 듣거나 책을 읽고 식물을 키우면서 편안함을 느낀다. 다른 사람을 만나더라도 대부분 일대일로 만나는 것을 선호한다. 사람이 적으면 자극을 덜 받기 때문에 좀 더 편안하고 자연스럽다. 반대로 외부 자극이 너무 많으면 그들의 뇌는 컴퓨터가 한번에 많은 정보를 처리하느라 느려지는 것처럼 사고가 느려지거나 심지어 '다운'될 수도 있다. 이것이 바로 내성적인 사람이 다수가 모인 자리에 오래 머물고 싶어 하지 않는 이유다.

작가 찰스 부코스키Charles Bukowski는 "혼자 있는 시간이 부족한 것은 내게 음식과 물이 부족한 것과 같다. 시끄러운 소리는 나를 피곤하게 한다. 나의 고독이 자랑스럽지는 않더라도 그것에 의지하고 있다. 방 안에 드리운 어둠은 나에게 빛과 같다."라고 했다. 도파민에 민감하고 과도한 외부 자극을 싫어하는 생리적 특징은 현실 세계와 내면세계 사이에 존재하는 장벽을 만들어서 내성적인 사람을 외부의 '괴롭힘'으로부터 세심하게 보호해 준다.

뇌의 혈류 경로와
아세틸콜린

뇌 과학 연구에 따르면 내성적인 사람과 외향적인 사람은 뇌 혈류 경로가 다르게 나타났다. 내성적인 사람의 뇌 혈류 경로는 더 복잡하고 길며 회상, 논리적 추론, 계획 및 문제 처리와 같은 인간의 내부 인식 기능과 관련이 있다. 외향적인 사람의 경로는 비교적 짧으며 일반적으로 시각이나 청각, 촉각 등 외부 정보를 처리하는 것과 관련이 있다.

내성적인 사람과 외향적인 사람 사이의 또 다른 일반적인 차이는 뇌 경로의 주요 신경전달물질이 다르다는 점이다. 외향적인 사람이 주로 의존하는 신경전달물질은 도파민인데, 앞서 언급했듯이 도파민은 사람을 충동적으로 만들고 쾌락을 느끼게 하는 물질이다. 도파민의 신경 경로는 비교적 짧아서 정보를 전달하고 처리하는 속도가 빠르다. 외향적인 사람이 말과 행동에 빨리 반응하고 변화에 대처하는 능력이 뛰어난 이유가 바로 여기에 있다.

내성적인 사람이 주로 의존하는 신경전달물질은 아세틸콜린이다. '아세틸콜린'은 집중력을 유지하고 학습과 기억 등의 인지 기능과 밀접한 관련이 있다. 연구에 따르면 아세틸콜린 결핍은 인지 기능 장애를 유발할 수 있는데, 우리가 아는 알츠하이머병은 환자의 뇌에서 아세틸콜린 수치가 크게 감소하는 것과 관련이 있다.

위의 생리적 특징에서 외향적인 사람에게는 도파민이 중요한 역할을 한다. 그들은 외부 자극이 왔을 때 빠르게 반응하고 행동력이 강해 대개 생각한 대로 말하고 행동한다. 외향적인 사람은 속도와 효율성을 중요시하는데, 이를 수식으로 표현하면 다음과 같다.

도파민 인생 = 단순한 사고 + 빠른 행동

내성적인 사람에게는 아세틸콜린이 중요한 역할을 한다. 그들은 외부 자극에 느리게 반응하는데, 이 느린 과정이 바로 깊이 생각하는 과정이다. 그들은 무슨 일이 일어났는지, 그 이유는 무엇인지, 어떤 결과를 낳을지를 생각한다. 그뿐만 아니라 문제를 해결하는 최선의 방법을 찾기 위해 장기 기억을 사용하여 과거의 경험과 비교하기도 한다. 이런 심사숙고 과정을 거치고 나서야 표현하거나 행동한다. 내성적인 사람은 정확도와 성공률을 중시하는데, 이는 다음과 같은 수식으로 표현할 수 있다.

아세틸콜린 인생 = 깊은 생각 + 신중한 행동

요컨대 내성적인 사람이 지닌 작은 외부 자극에도 만족하는 성향은 외로움이나 지루함을 느끼지 않고 자신의 작은 공간에 집중하게 한다. 외부 정보를 깊이 있고 세부적으로 처리하는 내성적인 사람의 능력은 다양한 추상적 인지와 사고력을 능숙하게 다룰 수 있게 하여 자신의 생각과 관점을 바탕으로 만들어진 내면세계에 몰입할 수 있게 한다. 내성적인 것과 외향적인 것은 그저 독특한 생활 방식에 지나지 않는다. 외향적인 사람에게는 그들만의 장점이 있고, 내성적인 사람에게는 그들만의 특별한 가치가 있다. 사실 성격이 다를 뿐 거기에 좋고 나쁨은 없다.

내성적 성향에 숨겨진 장점

자기 인식, 친화력, 성실

내성적인 사람은 외향적인 사람과 다르게 독특한 심리적 특징과 삶의 방식을 가지고 있다. 당신이 내성적인 사람이라면 정말로 해야 할 일은 자신의 본성을 바꾸고 억지로 외향적인 사람이 되고자 애쓰는 것이 아니라, 진정으로 자신에게 맞는 삶의 리듬을 찾고 자신의 잠재력과 강점을 발굴해야 한다. 그래야 우리는 나다운 삶을 잘 살아낼 수 있고 인생 또한 잘 경영할 수 있다. 내성적인 성향에 숨겨진 장점은 무엇일까?

* 책임감 있고 믿음직한 행동

왜 내성적인 사람은 말수가 적을까? 왜 내성적인 사람은 일하는 속도가 느려 미루는 버릇이 있는 건 아닌지 의심을 받을까? 그 이유는 내성적인 사람은 자기 말에 마땅히 책임을 져야 한다고 생각해서 아예 말을 하지 않거나 심사숙고 끝에 정말 자신이 있을 때 입을 열기 때문이다. 마찬가지로 모든 일에 신중하고 침착하게 행동한다. 그들의 목적은 이 일을 잘 해내서 모든 사람이 만족할 만한 성취를 이루는 것이다.

이런 마음가짐에서 내향인들의 강한 책임감을 엿볼 수 있다. 성격 이론personality theory에 의하면 '성실성conscientiousness'이란 책임 의식, 인내, 계획성, 일관성을 말한다. 책임감이 강한 사람은 엄격한 기준을 가지고 있어 자신이 한 말은 꼭 지키고 행동으로 옮겨야 하고, 다른 사람과의 약속은 상대방이 재촉하지 않아도 알아서 완성한다. 책임감이 강한 사람은 더 믿음직스럽고 인간관계에서도 안정감을 주기에 사람들에게 신뢰를 쉽게 얻는다.

* 탁월한 자기 인식

내성적인 사람은 겉으로는 무뚝뚝하고 둔해 보여도 속으로는 매우 예민하고 자기 인식 능력이 강하다. '자기 인식'이란 자신을 관찰하는 힘이다. 지금 어떤 감정을 느끼는지, 그 감정 뒤에는 어떤 생각이 있는지, 또 그 생각 뒤에는 어떤 심리적 욕구가 있는지 등을 파악한다. 자기 인식은 심리상담사가 자주 사용하는 기술로 내담자에게 자신의 작은 세계에서 벗어나 자신보다 더 높은 차원에서 자신을 내려다보고 성찰하도록 한다.

——————— 예민해서 미안해

심리상담에는 '신의 관점'이라는 용어가 있다. 자기 인식을 잘하는 사람은 신의 관점을 갖고 있어서 진정한 자신을 더 명확하게 이해할 수 있다. 그들은 인생의 길에서 더욱 냉정해지고 자신을 쉽게 잃어버리지도 않는다.

인생 여정은 중국의 고전 『서유기西遊記』에서 삼장법사가 서역에 불경을 얻으러 가면서 겪었던 모험처럼 복잡하기 그지없다. 그 여정에는 수많은 위험과 유혹이 우리를 기다리고 있다. 특히 사회의 리듬이 점점 빨라져 모두가 극심한 불안함과 조급함에 시달리고 있는 요즘은 많은 사람이 인생의 지름길을 찾으려고 한다. 이런 마음가짐은 사람들을 잘못된 길로 들어서게 하고 아름답고 화려해 보이는 온갖 인생의 함정에 빠트린다. 이때 자기 인식 능력이 있어야 충분한 결단력을 가지고 자신이 올바른 길을 가고 있음을 확신할 수 있다.

우리는 흔히 머리가 좋은 것과 지혜로운 것은 다르다고 말한다. 소위 머리가 좋다는 말은 두뇌 회전이 빠르고 반응이 신속하다는 뜻이고, 지혜롭다는 것은 유연한 마음과 빠른 반응을 의미한다. 지혜는 자신을 포함한 모든 사람과 모든 일에 대해 충분한 통찰력으로 늘 깨어 있다는 의미다. 이런 관점에서 자기 인식은 매우 고차원적인 지혜라고 할 수 있다.

⋆ 강한 친화력

사람마다 풍기는 분위기가 다르다. '공격성'이 강한 사람은 잠깐만 같이 있어도 엄청난 패기와 압박감을 느낄 수 있다. 반면 친화력이 강한 사람과 같이 있으면 언제나 봄바람처럼 따뜻하고 아무런 스트레스 없이 편안하게 자신을 드러낼 수 있다. 특히 관계 안에서 이런 친화력은 매우 중요하다.

친화력은 관계에서 쉽게 발생할 수 있는 적대감을 완화시킨다. 극소수의 심리적 장애를 가진 사람을 제외하면 친화력을 가진 사람을 싫어하는 사람은 거의 없다. 또 친화력은 다른 사람과 관계를 구축하는 가능성을 열어 두는 불씨다. 내성적인 사람은 인간관계가 좁은 편이고 친구를 너무 많이 사귀는 것을 좋아하지 않는다. 그러나 그들만의 고유한 친화력을 유지한다면 언젠가 다른 사람을 만나고 싶거나 깊이 있는 교제를 하고 싶을 때 그 일이 크게 어렵지 않다는 것을 알게 된다.

내성적인 사람은 고유한 친화력이 있으면 말을 많이 하지 않아도 모두에게 환영받는 사람이 될 수 있다. 내성적인 성향 뒤에 숨겨진 장점은 아주 많다. 타고난 장점을 잘 활용하면 언젠가는 자신도 놀랄 만한 사람이 되어 있을 것이다.

예민해서 미안해

2장

모두에게
사랑받는 사람은 없다

어떤 상황에서든, 누구와 함께 있든
우리는 다른 사람을 향한 기대치를
잘 다룰 줄 알아야 한다.
세상에는 당신을 좋아하지 않는 사람도
있다는 사실을 받아들여야 한다.

사람과의 관계는 마음가짐이다

본능적인 행동 억제에서
벗어나려면

　　내성적인 사람에게 가장 신경 쓰이는 부분은 자신이 관계에 예민하고 다른 사람과 어울리지 못한다고 느끼는 것이다. 그들은 인간관계에서 다음과 같은 행동을 보이는 경향이 있다.

* 익숙하지 않은 사람과 있을 때 너무 어색해서 어쩔 줄을 모른다.
* 대화 능력이 부족하며 알고 있는 내용도 어떻게 표현해야 할지 몰라 자주 말문이 막힌다.
* 모임에서 사람들이 즐겁게 이야기를 나누고 있으면 쉽게 끼어들지 못하고 사람들과 잘 어울리지 못한다는 느낌을 자주 받는다.
* 사람이 많은 장소에서 연설하기를 두려워하고 쉽게 긴장하거나 얼굴이 빨개지고 심장 박동이 빨라진다.

내성적인 사람이라면 흔히 겪는 일이다. 이로 인한 좌절감과 괴로움이 강렬해서 이 상황을 바꾸기 위해 뭐라도 해야 한다고 생각한다. 그에 대한 첫 번째 반응이 자신의 사회성을 의심하는 것이다.

내면의 소리

"인간관계가 서투른 나, 사회성을 기르고 싶어요."

"저는 말주변도 없고 다른 사람들과 잘 지내지 못해요. 저도 알아요. 혼자 속으로는 지금처럼 해서는 안 된다고, 말할 줄 모르면 더 말하려고 노력하고 인간관계가 서툴면 더 많은 사람을 만나 봐야 한다고 자신을 다그치고 있어요. 주변에 사회성이 좋은 친구를 관찰하면서 배우고 있어요. 나름 의사소통과 말하기에 관한 책도 많이 읽었고 온라인으로 강의도 들었어요. 하지만 이론과 실전은 달랐어요. 막상 나가서 사람들을 만나면 머리가 하얘지고 그동안 배웠던 지식이 하나도 통하지 않는다는 사실을 깨달았어요."

사교적 어려움을 겪는 많은 내성적인 사람이 무엇을 해야 하는지는 알지만 좀처럼 한 걸음도 내딛지 못하는 경우가 많다. 무엇이 문제일까?

예민해서 미안해

관계를 맺는 것은
단순한 기술이 아니다

마음가짐이 사회생활의 상태를 결정한다. 다른 사람을 대할 때 편안하게 즐기는 상태라면 과감하게 말하고, 묻고, 자신을 표현함으로써 자신감 있고 발랄하고 사회성 좋은 이미지를 보여 줄 수 있다. 반대로 긴장하고 불안한 상태로 다른 사람을 대하면 놀란 달팽이처럼 껍질 속으로 숨어 버려서 자신의 가장 좋은 상태나 모습을 보여줄 수 없게 된다.

하버드대학교 심리학 박사 신시아Cynthia García Coll가 제시한 '행동 억제behavioral inhibition'라는 개념이 있다. 1984년 심리학 학술지 「아동 발달Child Development」에 낯선 사람이나 사물, 사건에 직면했을 때 나타나는 위축과 회피 반응에 관한 연구를 발표했다. 내성적인 사람이 사교 활동을 할 때 갖는 고유한 마음가짐은 '행동 억제'를 초래할 수 있다. 앞선 내면의 소리가 바로 그 예다. 이 사람은 많은 학습과 준비 과정을 거쳤는데도 실제로 사람들을 만나자 여전히 자신이 원하는 대로 행동할 수 없었다. 내성적인 사람이 사회적 활동에서 좀 더 자유롭고 편안해지고 싶다면 우선 마음가짐을 고쳐야 한다. 즉, 우리 마음속에 숨어 있는 잘못된 신념부터 바로잡아야 한다.

오해 1 외향적인 사람인 척해야 해

사회적 욕구의 크기가
다를 뿐이다

"일하면서 저보다 몇 살 많은 동기 언니가 부러웠어요. 언니는 말도 잘하고 유머에 센스까지 만점이었어요. 제가 한 번 배워 보려고 했는데 도저히 안 되더라고요. 저는 말도 잘 못하고 수줍음도 많거든요. 좋은 습관은 아니라는 건 알고 있어서 변해 보려고 애쓰지만 잘 안 되네요."

평소 내성적인 사람은 인간관계에 서툴고 사회성도 별로라고 스스로 평가한다. 시간이 지날수록 더 낯을 가리고 자신이 선천적으로 다른 사람과 어울리는 것을 꺼린다고 확신한다. 이런 확신의 밑바탕에는 '외향적인 사람처럼 사교적이어야 한다'라는 평가 기준이 깔려 있다.

예민해서 미안해

외향적인 사람과 내성적인 사람을
바라보는 시선

외향적인 사람들의 사회적 이미지

* 붙임성이 좋아서 누구를 만나든지 빨리 친해지고 마치 오랫동안 알고 지낸 친구처럼 편안하게 이야기할 수 있다.
* 말주변이 좋고 표현력은 물론이고 호소력도 좋아서 사람들에게 좋은 인상을 남긴다.
* 감성지수가 높고 세상 물정을 잘 알며 복잡한 인간관계에 대처하는 능력도 뛰어나다.
* 밝고 열정적이며 에너지가 넘쳐서 주변 사람들이 가까이 다가가고 싶게 만든다.

위 내용은 우리가 외향적인 사람에게 흔히 느끼는 사회적 이미지다. 일반적으로 외향적인 사람은 인간관계에서 자신을 잘 드러내고 쉽게 눈에 띄기에 우리는 그들이 사회적 활동의 기준을 정한다고 생각한다. 모든 사람이 외향적인 사람처럼 표현하고 소통하고 행동해야만 비로소 정상적인 사회성을 갖추고 있다고 평가받곤한다. 하지만 현실적으로 내성적인 사람이 그렇게 하기는 매우 어렵다. 외향적인 사람과 달리 그들은 다음과 같은 특징이 있다.

내성적인 사람들의 사회적 이미지

* 준비 과정이 느리며 낯선 사람을 만나면 긴장하고 불편함을 느낀다. 방어적인 성향이 짙고 다른 사람과 쉽게 가까워지지 못한다.
* 말수가 적고 적극적으로 자신을 드러내기보다는 다른 사람의 말을 듣는 것을 선호한다. 사람들과 있을 때 거의 존재감이 없는 편이다.
* 복잡한 인간관계를 좋아하지 않으며 관계 내 명시적이고 관행적인 규칙에 둔한 편이라 이러한 문제가 발생하면 어찌할 바를 모른다.
* 조용하고 소극적이어서 상대방에게 거리감을 느끼게 해 쉽게 다가오지 못하게 한다.

모든 사람의 사교적 행위는 자신만의 독특한 사회적 욕구를 중심으로 이루어진다. 외향적인 사람의 사교적 행위가 더 좋은 이유는 사회적 활동에 대한 욕구가 더 높기 때문이다. 외향적인 사람의 심리적 에너지는 외부 세계, 특히 그 세계의 사람들을 향한다. 다양한 사람들과 만나서 대화하고, 소통하고, 상호작용을 해야 자신의 에너지가 활성화되고 몸의 열정이 불타오르는 것을 느끼고 거기서 삶의 활력을 얻는다.

외향적인 사람은 다른 사람을 통해 자신의 감정을 방출한다. 한 외향적인 사람은 자신이 감정을 표현하는 방식에 대해 다음과 같이 말했다.

"저는 정말 기쁜 일이 생기면 주변의 모든 사람을 붙잡고 그것에 관해 이야기해요. 그래야 진짜 기쁜 것 같더라고요."

가끔 다른 사람과의 교류는 때때로 증폭기 역할을 해서 사람의 감정을 지속적으로 증폭시킬 수 있다. 살면서 흔히 경험하는 일인데, 상대방에게 웃긴 이야기를 들려주고 그가 박장대소하는 모습을 보고 있으면 그때 즐거움은 두 배로 커진다. 이러한 증폭 효과 때문에 외향적인 사람은 많은 사람이 함께 있는 떠들썩한 분위기를 선호하며 그 속에 있을 때 더 신나고 편안함을 느낀다.

외향적인 사람이 깊이 생각하려면 다른 사람의 도움이 필요하다. 인간관계에서 다른 사람의 생각과 의견은 그들이 생각을 정리하고 더 나은 판단을 내리는 데 도움이 된다. 그러나 이보다 더 중요한 것은 외향적인 사람의 신경계가 내성적인 사람만큼 민감하지 않아 자신을 흥분시키려면 더 많은 외부 자극이 있는 쪽으로 결정한다는 것이다. 다른 사람과 토론할 때 그 사람의 표정과 태도, 상태는 외향적인 사람에게 더 큰 자극으로 다가오며, 이러한 자극은 도파민과 마찬가지로 외향적인 사람을 좀 더 편안하게 하여 더 나은 사고를 할 수 있는 에너지를 제공한다.

가치를 느끼는 기준이
다르다

외향적인 사람은 가치감을 위해 다른 사람에게 의지한다. 외향적인 사람에게는 흔들리지 않는 믿음이 있는데, 그것은 바로 사람의 가치는 겉으로 드러나서 다른 사람이 보아야만 비로소 인정받을 수 있다는 것이다. 그래서 그들은 끊임없이 자신을 드러내며 세상의 관심을 받으며 살아간다. 그들은 좋은 말솜씨와 표현으로 다른 사람에게 영향력을 미치고 탁월한 사교 기술로 인간관계를 확장시켜 더 많은 사람에게 자신을 알리고 사랑받아야 한다. 우리는 흔히 사람의 가치관은 두 가지 인정에 달려 있다고 말하는데, 바로 '자기 인정'과 '타인의 인정'이다. 확실히 외향적인 사람은 타인의 인정을 더 중요시한다.

외향적인 사람과 외부 세계의 관계는 물고기와 물의 관계와 같다고 할 수 있다. 물고기는 항상 물에서 살아가기에 자연스럽게 수영 실력을 습득하고 점점 진화한다. 그와 마찬가지로 외향적인 사람의 모든 심리적 욕구는 인간관계에서 충족되고 이 역시 자연히 더 나은 사회성을 기르게 한다.

반면 내성적인 사람은 다르다. 내성적인 사람도 사회적 상호작용과 인간관계가 필요하지만 그 정도가 외향적인 사람에 비해 훨씬 낮다. 외향적인 사람과 외부 세계의 관계가 물고기와 물의 관계라면, 내성적인 사람과 외부 세계의 관계는 개구리와 물의 관계에 가깝다. 양서류에 속하는 성체 개구리는 주로 폐로 호흡하기 때문에 수중에 머무는 시간이 비교적 짧은 편이며 일반적으로 20분을 초과하지 않는다. 내성적인 사람도 이와 비슷하다. 다양한 사교 활동에 참여할 수 있지만 그리 오래 머물지 못한다. 정말 어쩔 수 없이 오랫동안 머물러야 할 때면 그들은 방전된 배터리처럼 생각이 느려지고 둔해지며 나중에 밀려올 피로감에 어떻게든 벗어나려고 한다. 한마디로 인간관계가 외향적인 사람에게는 삶의 전부이고 인생에서 가장 중요한 일이라면, 내성적인 사람에게는 삶의 일부일 뿐 최우선 순위는 아니라는 것이다.

내성적인 사람은
혼자서 해결한다

내성적인 사람은 인생의 다양한 문제를 혼자서 해결하는 데 익숙하다. 기분이 좋지 않으면 외향적인 사람은 친구를 찾아가 하소연을 하면서 위로를 받고 감정을 해소하는데, 내성적인 사람은 그렇지 않다. 그들은 우울하거나 기분이 좋지 않을 때 되도록 사람을 만나지 않고 혼자 집에서 조용히 시간을 보낸다. 예전에 설문을 통해 내성적인 사람이 부정적인 감정을 해소하기 위해 선호하는 방법이 무엇인지 조사한 적이 있었다. 그 결과 가장 많은 응답이 바로 '수면'이었다. 어떤 어려운 문제가 닥치든 푹 자면 된다.

'혼자 할 수 있는 일이라면 절대 다른 사람에게 폐를 끼치지 않는다.' 이것은 일반적으로 내성적인 사람들이 갖는 마음가짐이다. 어느 내성적인 사람은 이렇게 말했다.

"항상 혼자 밥 먹으러 가고, 혼자 쇼핑하고, 혼자 여행을 가요. 혼자 있을 때 굉장히 편안함을 느껴요. 오히려 사람이 많으면 너무 시끄러워서 불편하거든요."

인생의 많은 문제를 혼자 힘으로 해결할 수 있으면 당연히 다른 사람에게 덜 의존하게 되고 인간관계를 향한 갈망도 줄어든다.

내재된 욕구는 우리의 행동을 결정한다. 외향적인 사람은 사회적 욕구를 최우선으로 고려하기에 모든 관계에 대해 기대감이 높다. 그러니 자연히 더 뛰어난 표현과 능숙한 의사소통 기술로 다양한 사교 모임이나 관계를 장악하여 원하는 것을 얻는다. 내성적인 사람은 사회적 욕구가 높지 않기 때문에 너무 많은 사람을 알 필요도 없고, 너무 자주 사람을 만날 필요도 없다. 이러한 낮은 기대감

예민해서 미안해

을 유지하는 데 복잡한 사교 기술은 오히려 사치일 수 있다. 내성적인 사람은 외향적인 사람처럼 사교적일 필요가 없다. 굳이 애써 다른 사람이 될 필요도 없다. 자신의 삶으로 돌아가 자신의 리듬에 맞게 사람들을 만나고 교제하면 그뿐이다. 그러기 위해서는 자신의 한계를 받아들이는 것이 중요하다.

어느 전시회에서 한 관람객이 유명 화가에게 질문을 던졌다.

"예술의 반대말은 무엇이라고 생각하세요?"

마이크를 건네받은 화가는 잠시 머뭇거리다가 대답했다.

"모르겠습니다."

그는 오랜 세월 예술 작업을 해 온 사람으로서 일반 관객이 던진 예술에 관한 질문에 이렇다 할 대답을 내놓지 못했다. 어떻게 보면 이것은 예술 관련 종사자들에 대한 일반 사람들의 기대를 저버리는 행동이었다. 그러나 화가는 크게 개의치 않고 소크라테스의 명언으로 자신의 대답을 설명했다.

"하지만 나는 내가 모른다는 사실을 알고 있죠."

성숙하고 인생 경험이 많은 사람은 자신을 더 명확하게 인지한다. 더 많이 알수록 자신이 아는 것의 한계를 깨닫고, 더 많은 일을 할수록 자신의 능력에 한계가 있다는 것을 알게 된다. 스스로 한계를 알아야 자신이 뭐든지 할 수 있고 모든 것을 바로잡을 수 있다는 환상에서 깨어날 수 있다. 그때 비로소 더는 자신이 잘하지 못하는 일에 억지로 매달려 시간을 허비하는 일이 없을 것이다. 예를 들어 다른 사람들은 술자리에서 청산유수처럼 말도 잘하고 잘 어울리는데 당신은 전혀 그렇지 못하다면 현실을 있는 그대로 받아들이고 당신이 잘하는 영역이 아니라는 것을 인정하면 된다.

자신의 한계를 받아들이는 것은 무기력한 상태로 있는 것도, 자신을 부정하는 것도 아니다. 오히려 자신에게 좀 더 명확한 위치를 제시하는 것이다. 누구나 잘하는 일도 있고 못 하는 일도 있다. 잘할 수 있는 일에 더 많은 시간과 에너지를 투자할수록 더 많은 것을 얻을 수 있다. 또 당신이 잘하지 못하는 것은 그대로 받아들이면 된다. 무엇보다 내성적인 사람은 외향적인 사람과 사회적 욕구에서 차이가 있다는 점을 잊지 말자. 이 점을 이해하면 전보다 훨씬 편안한 마음으로 그 차이를 태연하게 받아들일 수 있을 것이다.

예민해서 미안해

오해 2 절대 실수해선 안 돼

사회적 죽음 따위는 없다

내성적인 사람이 사회 활동을 하면서 갖는 또 다른 심리적 부담이 있다. 바로 실수를 두려워하는 것이다. 언젠가 한 내성적인 내담자는 자신을 이렇게 설명했다.

"저는 늘 예민하고 생각이 많아요. 대화나 모임을 마치고 나면 늘 기억을 더듬어 봐요. 오늘 실수한 건 없는지, 상대방에게 상처 주는 말을 하진 않았는지, 혹은 부적절한 행동을 하지 않았는지 말이에요. 그렇게 한참을 생각하고 나면 가끔 너무 지칠 때가 있어요."

'사회적 죽음'이라는 말이 최근 몇 년간 인터넷에서 유행처럼 쓰이고 있다. 주로 대중들 앞에서 체면을 잃거나, 고개를 못 들 정도의 행동을 했을 때, 또는 다시는 사회 활동을 할 수 없는 상태에 이르렀을 때 사용하는 용어다. 사회적 죽음은 요즘 흔히 볼 수 있는 현상이다. 우리는 SNS를 통해 자신이 겪은 사회적 죽음 사건을 공유하기도 하는데, 공공장소에서 넘어진 경험이나 사람들 앞에서 연설할 때 말문이 막힌 경험, SNS에서 실수로 중요한 비밀을 엉뚱한 사람에게 보낸 경험 등 여기에 반응하고 공감하는 사람들이 많다. 우리는 드라마가 아니라 현실을 살고 있으므로 리허설 없이 실시간으로 모든 일이 벌어진다. 말실수나 엉뚱한 행동, 부적절한 반응은 피할 수 없는 경우들이다. 그럼에도 우리는 이런 사실을 받아들이지 못할 때가 많다.

* "너무 어색해요!"
* "너무 창피해요!"

그 이유는 마음 속에 다음과 같은 공식을 정해 두기 때문이다.

* 작은 디테일을 놓쳤다 = 나는 못난 사람이다
* 일을 아예 못했다 = 나는 하찮은 사람이다

우리가 매번 아주 작은 일로 자신을 평가하고 심지어 자신을 정형화해버리면 심리적으로 엄청난 스트레스를 받는다. 그러면 작은 실수가 이내 용납할 수 없는 심각한 일이 되고 결국 막다른 골목에 부딪힌다. 사회적 활동에서 절대 실수해서는 안 된다고 자신을 다

예민해서 미안해

그치지만 아무리 주의를 기울여도 크든 작든 실수하게 마련이다. 이것은 누구도 피할 수 없는 일이다.

　이런 비뚤어진 마음가짐으로 다른 사람을 사귀면 이후의 모든 교제와 관계가 매우 고통스러운 일로 여겨질 것이다. 왜냐하면 당신은 항상 실망하고 자신이 기대에 부응하지 못한다고 느끼기 때문이다. 이런 상태가 오래 지속되면 오히려 '학습된 무기력' 상태에 빠지고 다른 사람과의 접촉 자체를 두려워하게 된다. 극단적인 경우 대인기피증으로도 발전할 수 있다. 이 상황을 바꾸는 방법은 자신도 실수할 수 있다는 사실을 깨닫는 것뿐이다.

아무리 신중해도
실수는 일어나기 마련이다

　실수하거나 문제가 생기는 것은 지극히 정상적인 일이다. 이 사실은 당신뿐만 아니라 모든 사람에게 적용된다. 가끔 우리는 '왜 나에게만 이런 일이 생길까?'라는 두려움에 자신을 용서하지 못한다. '다른 사람은 다 잘하는데 왜 너만 못하니?', '다른 사람은 피해 가는 문제를 왜 너만 그렇게 붙잡고 있니?' 이처럼 당신 혼자 유일하게 실수를 저질렀다는 것을 알게 되면 다른 사람과의 비교에서 오는 타격으로 자존감이 떨어진다.

다행히도 이러한 걱정은 사실과 다르다. 심리상담 플랫폼을 운영하면서 알게 된 사실은 말실수를 하거나 대화 주제가 없거나 분위기를 띄우지 못하는 등 사람들과 교제하면서 일어나는 다양한 문제들을 많은 사람이 경험했고, 지금도 경험하고 있다는 것이다. 자신이 경험한 난감하고 당혹스러운 일들을 이미 다른 사람도 동일하게 경험했다는 사실을 알면 우리 내면에서 자기비판과 자기부정이 점차 사라지고 부정적인 감정에서 수월하게 벗어날 수 있다.

실수의 결과는 우리가 생각하는 것만큼 심각하지 않을 때가 많다. 많은 사람 앞에서 창피한 행동을 하면 수많은 부정적인 감정이 올라온다. 이런 감정에 빠지면 우리는 자신을 부정하고 폄하하는 등 지나친 확대 해석을 한다.

* 나는 왜 이렇게 멍청하지? 이런 사소한 일도 제대로 못 하다니!
* 모두가 날 비웃을 뿐, 아무도 날 좋아하지 않아.

극단적인 경우, 우리는 자신에게 '사형'을 선고하기도 한다.

* 너는 구제 불능이야.
* 이제 더는 희망이 없어.

예민해서 미안해

이러한 표현은 우리 내면의 수치심을 강화하고 자신을 나쁜 사람이라고 여기게 한다. 또 자신을 공격하는 수렁에 빠지고 폐쇄적인 성향을 보이며 심지어 우울감을 느끼기도 한다. 그러나 실제로 어떤 일로 받은 상처 자체가 갖는 위력은 그리 크지 않다. 그런데도 우리를 넘어뜨리는 이유는 너무 심각하게 받아들이기 때문이다. 심리학에서 우리가 걱정하는 일의 90%는 일어나지 않으며, 설사 그런 일이 일어나도 90%는 돌이킬 수 없는 결과를 가져오지 않는다는 연구 결과가 있다. 즉, 대부분 걱정은 단지 기우에 지나지 않는다.

실제로 어려움을 겪어본 사람은 모든 상처에는 끝이 있다는 데 공감할 것이다. 어떤 일은 우리를 깊은 절망에 빠트려 도저히 살아갈 수 없을 만큼 힘들게 하지만, 시간이 지나면 어느새 거기서 벗어나 있는 자신을 발견할 수 있다. 생명의 강인함과 근성은 우리의 상상을 훨씬 뛰어넘는다. 지금은 너무 부끄럽고 어딘가로 사라지고 싶은 마음이 굴뚝같지만, 막상 시간이 흐르고 생각이 걸러지고 정리되다 보면 정말 아무 일도 아니었다는 사실을 깨닫게 될 것이다.

일상적인 관계에서 실수하면 곤란할 수 있지만 이도 잠깐일 뿐이다. 말이 헛나와서 주변 사람들이 폭소를 터뜨릴 때 부끄러워 얼굴이 벌게질 수 있지만 바로 아무 일도 아니라고 생각한다면 성숙한 사람이라고 할 수 있다.

문제보다는
얻는 것에 집중하자

　사람들과 교류하다 보면 많은 일이 일어나고 많은 것을 느끼게 된다. 간단한 대화라도 자세히 살펴보면 다양하고 풍부한 경험이 담겨 있다. 그 안에는 긴장과 당황, 불편함이 있을 수 있고 평온함과 즐거움, 심지어 약간의 설렘과 만족도 자리한다. 간단히 말해서 좋지 않은 것과 좋은 것 모두를 느낄 수 있다. 그런데 문제에만 너무 집중하면 하나의 나쁜 감정 때문에 아홉 가지 좋은 감정을 간과하게 된다. 이렇게 되면 상대방과의 관계 자체를 완전히 부정하는 꼴이 된다.

　다른 사람을 사귀는 것을 좋아하는 사람의 심리 패턴은 완전히 정반대다. 그들은 자신이 얻는 것에 관심이 더 많다. 다른 사람과 교제하면서 네 가지 나쁜 경험을 하더라도 여섯 가지 좋은 경험을 했기 때문에 이 관계가 여전히 만족스럽고 가치 있다고 생각한다.

　그뿐만 아니라 설령 실수하더라도 자신을 격려한다. 예를 들어, 그들은 '이번에도 망했네. 난 정말 바보야.'라는 생각이 들면 '그래도 이렇게 말하면 안 되지. 더 좋은 표현 방법이 있을 거야. 그래, 좋은 경험 했다고 치지 뭐.'라고 생각의 전환을 이끌어 낸다.

　　　　　　　　　　　　　　　　　　　예민해서 미안해

잘못의 의미는 어딘가에서 문제가 발생했음을 알려 주는 것뿐만 아니라 어떤 일을 다르게 처리해야 할 수도 있고, 어떤 의미를 더 나은 방식으로 표현할 수도 있다는 것을 일깨워 준다.

이러한 긍정적인 태도로 다른 사람들과 교류한다면 작은 문제나 실수가 생겨도 좀 더 여유롭게 대처할 수 있고 실수에 대한 두려움도 줄일 수 있다.

이런 면에서 아이들은 우리에게 최고의 선생님이다. 옹알이만 하던 아이가 처음 말을 배우면 말을 더듬거나 외계어 같은 말을 하고, 걸음마를 처음 배우면 수없이 넘어지고 다친다. 하지만 이런 문제로 불안해하거나 열등감을 느끼는 아이는 단 한 명도 없다. 오히려 그들은 그 순간을 즐기면서 자신도 모르게 모든 기술을 터득한다.

이것은 일이 잘못되는 것을 두려워할 필요가 없고, 일이 잘못되더라도 그 영향은 제한적이며, 당시에만 심각할 뿐 나중에 만회하거나 다른 일을 통해 균형을 맞출 기회가 찾아온다는 것을 말해 준다. 현실에서 중요한 것은 우리가 실수를 얼마나 많이 하는지가 아니라, 시도를 멈추지 않는 것이다. 이것은 인간관계에서도, 우리 인생에서도 그렇다.

오해 3 나를 싫어할까 봐 두려워

호감의 1:2:7 법칙

내성적인 사람 가운데 유난히 다른 사람의 시선을 의식하는 이들이 있다. 그들은 상대방의 의미 없는 눈빛에서 벗어나지 못하고 반나절 넘게 고민한다. 그 이유는 다른 사람과 어울릴 때마다 혼자 머릿속으로 '만약에'라는 가정을 끊임없이 하기 때문이다.

* 만약에 그가 나를 무시하면 어떻게 하지?
* 만약에 그가 나를 좋아하지 않으면 어떻게 하지?
* 만약에 그가 나를 신경 쓰지 않으면 어떻게 하지?

이런 '만약에'라는 가정은 엄청난 스트레스를 주고 인간관계에도 부정적 영향을 미친다. 냉정하게 말해 이런 걱정이 전혀 터무니없는 것은 아니다. 어쨌든 우리는 복잡한 세상에 살고 있고, 모든 사람이 우리를 좋아하는 것도 아니고, 모든 사람이 우리와 대화를 나눌 수 있는 것도 아니다. 더 엄밀히 말하자면 우리를 좋아하지 않는 사람들은 항상 있기 마련이다. 그러나 실제로 그러한 사람들은 우리가 교류하는 사람 중 극소수일 뿐이다. 가끔 한두 명 만날까 말까이다. 그렇다면 우리가 흔히 만나는 사람은 어떤 사람일까? 우리에게 악의가 없고 우리를 해치지 않으며, 차가운 눈빛으로 뭔가를 요구하지 않는 동시에 우리를 그다지 신경 쓰지 않는 사람들이다.

다시 말해, 모두 너무 바쁘고 당장 해야 할 일이 산더미처럼 쌓여 있으므로 우리에게까지 할애할 시간과 에너지가 없다는 말이다. 그래서 대부분은 함께 지내면서 발생하는 작은 문제나 결점을 신경 쓰지 않고 금세 잊어버린다. 그러니 너무 터무니없는 행동만 하지 않으면 사람들의 미움을 사는 것도 쉽지 않다.

수많은 '만약'은
실제로 '만약'으로 그친다

주변에 우리를 좋아하지 않는 사람이 한두 명 있더라도 너무 걱정하지 마라. 이것도 현실에서 아주 흔하게 볼 수 있는 일이다.

"내가 얼마나 노력했는데, 왜 여전히 사랑받지 못하는 걸까?"

소희는 대학에 갓 입학했을 때 룸메이트와 좋은 관계를 맺기 위해서 또는 사람들에게 좋은 인상을 주기 위해 엄청나게 노력했다. 다른 사람 대신 물을 떠다 주기도 하고 방을 정리하거나 택배도 대신 받아 줬다. 심지어 빨래까지 대신해 줄 때도 있었다. 하지만 이런 그녀의 노력이 모두에게 인정받은 것은 아니었다. 룸메이트는 하루가 멀다 하고 그녀를 괴롭혔다. 소희는 자신이 이렇게 노력했는데도 왜 사랑받지 못하는지 너무나 고통스러웠다.

'무엇이 부족했던 걸까?' 그녀는 자기반성을 통해 이 질문에 대한 대답을 얻고자 했다. 그러나 그건 핵심이 아니다. 문제는 그녀의 잘못이나 부족이 아니라 그녀가 아무리 잘해도 이 세상에는 그녀를 좋아하지 않는 사람이 항상 있다는 사실을 간과한 데 있다. 만약 그녀가 다른 사람의 이익에 해를 끼쳤거나 그들의 미래에 영향을 미쳤다면 그녀를 싫어하는 이유를 어느 정도 납득할 수 있다. 그런데 누군가를 싫어하는 데는 아무 이유가 없을 수도 있고 그냥 그 사람을 보기만 해도 기분이 나빠지는 경우도 더러 있다.

10명 중 1명은 나를 이유 없이
싫어할 수 있다

작은 동물을 학대하는 사람들은 길 위의 새끼 고양이나 강아지가 그들을 자극하지 않았지만 단지 괴롭히고 싶어서 그런 행동을 한다. 정상적인 사고로는 이해하기 어렵지만, 이 세상에는 아무 이유 없이 다른 사람에게 상처를 주고 싶어 하는 사람이 있다는 현실을 인정해야 한다. 만약 그런 사람들을 만났을 때 잘 보이려고 비위를 맞출수록 그들은 어떻게든 당신에게 상처를 주려고 할 것이다. 제때 알아차리지 못하고 오로지 자신에게서 원인을 찾으려 하면 갈수록 깊이 빠져들어 끔찍한 자기 학대의 수렁에서 헤어나지 못한다.

모든 사람에게 사랑받을 필요도 없으며 사랑을 받으려고 애쓸 필요도 없다. 모든 이에게 사랑받고 잘 지내야 한다는 생각 자체를 하지 말아야 한다. 이는 비현실적이고 비이성적인 소망이기 때문이다. 어떤 상황에서든 누구와 함께 있든 우리는 다른 사람에 대한 기대치를 잘 관리해야 한다. 당신을 좋아하지 않는 사람이 있다는 사실을 인정하고 받아들여야 한다.

일본의 심리학자 가바사와 시온Kabasawa Shion은 '호감의 1:2:7 법칙'에 대해 이야기했다. 이는 우리를 둘러싼 10명 중 1명은 반드시 나를 싫어하거나 미워하고 2명은 아무런 망설임 없이 나를 좋아하거나 지지해 주고 나머지 7명은 나를 싫어하지도, 좋아하지도 않고 중립을 지키거나 아예 무관심하다는 말이다.

나는 여러 사람과 함께 있을 때 나를 반기지 않는 사람이 한두 명은 있으리라는 점을 늘 염두에 둔다. 어떤 문제에 대해 내 생각과 의견을 주장해야 한다면 내용 중 일부는 논란이 되거나 사람들이 좋아하지 않을 거라는 사실 역시 고려한다.

나쁜 일을 미리 고려해 두면 그것이 실제 일어나더라도 우리에게 미치는 충격은 굉장히 제한적이다. 당신을 싫어하고 반기지 않는 사람들을 받아들이고 허용한다면 실제로 그들을 마주쳐도 큰 상처나 나쁜 영향을 받지 않을 것이다.

예민해서 미안해

신체 불안을 완화하는
세 가지 방법

사회적 불안social anxiety은 심리적인 문제인 동시에 신체적인 문제다. 심한 불안은 종종 호흡 곤란, 빠른 심장 박동 및 근육 당김과 같은 신체 반응을 동반한다. 설상가상으로 우리의 수면에도 영향을 미친다. 잠들기 힘들고 늘 불면증에 시달리거나 수면의 질을 떨어뜨려 악몽을 꿀 때가 많다. 그러면 어떻게 해야 신체 반응을 완화할 수 있을까? 여기 세 가지 방법을 살펴보자.

1. 심호흡법

불안하면 대개 숨이 가빠지면서 호흡이 짧고 빨라진다. 이러한 얕은 호흡은 우리 몸에 긴장감을 유발한다. 긴장을 푸는 데는 심호흡이 도움이 된다.

먼저 눈을 감고 코로 천천히 숨을 들이마신다. 숨이 몸속으로 들어와 복강을 천천히 채우고 나면 입으로 숨을 천천히 내쉰다. 이런 방식과 리듬으로 여러 번 호흡하면 우리 몸의 긴장이 풀리고 서서히 안정을 되찾을 수 있다.

2. 근육 이완법

주먹을 쥐었다가 풀어 준다. 팔 근육에 힘을 줬다가 풀어 준다. 어깨 근육을 조였다가 풀어 준다. 목과 엉덩이, 허벅지, 다리 순으로 근육을 조였다가 풀어 주면 된다. 여러 신체 부위의 근육을 조였다가 풀어 줌으로써 근육 이완 효과를 얻을 수 있다.

3. 명상법

먼저 편안한 자세로 눕거나 앉은 다음 호흡에 집중하여 공기가 몸에 들어오고 나가는 것을 느껴 보자. 이 과정에서 몇몇 생각과 과거의 경험이 의식 속에 나타날 수 있다. 이때 그것을 거부하거나 평가할 필요는 없다. 그냥 인지하고 받아들이면 된다. 계속해서 호흡에 집중하는 것이 중요하다.

명상은 우리의 집중력을 높이고 현재에 집중할 수 있게 하

예민해서 미안해

여 과거에 연연하거나 미래에 대한 걱정 없이 몸과 마음의

온전한 평온을 얻을 수 있도록 돕는다.

3장

천천히 타올라야
오래간다

내성적인 사람은 천천히 타오르지만,
또 천천히 식는다.
천천히 마음을 여는 사람에게
시간은 정말 좋은 친구다.

무관심한 게 아니라
시간이 필요한 거야

천천히 열리는 마음

우리는 인간관계에서 첫인상이 중요하다고 말한다. 첫인상은 일종의 '초두 효과primacy effect'로, 쉽게 말해서 처음 입력된 정보가 나중에 습득한 정보보다 더 강한 영향력을 발휘한다는 말이다. 방금 만난 사이인데도 친절하고 편안하게 대해 주면 좋은 사람이라고 생각해서 바로 호감이 생긴다. 반대로 처음 만났는데 무표정에 말도 거의 하지 않으면 별로 좋은 사람이라는 생각이 들지 않고 오히려 거리감을 느낀다.

이런 현상은 모두가 알고 있고 내성적인 사람도 알고 있다. 하지만 문제는 내성적인 사람은 낯선 사람을 상대로 대화를 시도하는 것조차 도전이라고 생각하기 때문에 친절한 모습을 보여 준다는 것은 꿈도 못 꿀 일이다. 가끔 자신이 마음의 준비가 되었고 감정 조절을 위해 최대한 노력한다고 느낄 때도 있지만 생각대로 잘 안 될 때가 많다.

일본 작가 무라카미 하루키는 젊은 시절 술집을 운영했다. 그는 내성적이지만 생계를 위해 어쩔 수 없이 변해야만 했다. 손님이 오면 그는 미소를 지으며 "어서 오세요"라고 인사하고, 수다쟁이 단골 손님을 만나면 인내심을 갖고 이야기를 나눴다. 무라카미 하루키는 한때 남들에게 좋은 이미지를 심어 줘야겠다고 생각했다. 그런데 몇 년 후 만난 지인은 그에게 충격적인 말을 전했다.

"넌 원래 다른 사람한테 관심은커녕 대화도 거의 안 했잖아."

그동안 자신이 필사적으로 보여 주려고 했던 따뜻하고 친절한 이미지가 실제로 다른 사람의 눈에는 다르게 비친 것이다.

새로운 관계를 맺을 때
시간이 오래 걸린다

외향적인 사람에게는 새로운 친구를 사귀는 일이 식은 죽 먹기다. 누구를 만나도 쉽게 하나가 되고 오랜만에 만난 옛 친구처럼 활발한 대화가 가능하다. 하지만 내성적인 사람이라면 상황이 복잡해진다.

예민해서 미안해

내 친구는 학창 시절 내내 '징크스'에서 벗어나지 못했다. 중학교, 고등학교, 대학교에서 새로운 반에 들어갈 때마다 같은 어려움을 겪었다. 그는 친한 친구도 없고 학급의 여러 활동에도 참여할 수 없었다. 항상 아웃사이더 인생이었다. 그렇다고 그가 아무런 노력도 하지 않은 건 아니다. 날마다 그는 친구들과 더 많이 교제하고 학급 활동에 더 많이 참여해야 한다고 자신에게 상기시켰다. 그러나 아무리 노력해도 여전히 주변 친구들과 어울리지 못한다고 느꼈고 다른 사람들처럼 다양한 관계에 빠르게 적응하지 못했다. 이런 상태는 일반적으로 약 반년간 지속되다가 이후 모든 것이 정상으로 돌아온다.

내성적인 사람들은 낯선 사람이나 익숙하지 않은 환경에 적응하는 속도가 조금 느리다. 생활 리듬이 빠르고 효율성이 우선시되는 이 시대에서 '느림'은 문제점이자 결점으로 여겨진다. 인간관계에서도 마찬가지다. 사람들은 마음을 천천히 여는 사람은 사귀기 어렵다고 생각하거나 차갑고 폐쇄적이며 사회성이 떨어진다는 편견이 있다.

그렇다면 느린 속도가 정말 인간관계에서 문제가 될까? 이 질문에 대답하려면 우리는 먼저 천천히 마음을 연다는 의미가 무엇인지, 왜 어떤 사람들은 천천히 마음을 여는지 이해해야 한다.

느리지만 진정성 있게 다가가기

느림에는 분명한
장점이 있다

내성적인 사람은 느리다. 이는 그들이 반응하기 까지 시간이 오래 걸리기 때문이다. 앞서 내성적인 사람의 생리적 특성을 언급했듯이 내성적인 사람은 반응하는 데까지 걸리는 시간 이 길어서 어떤 일에 직면했을 때 반응이 약간 느린 편이다. 반면에 외향적인 사람은 반응하기까지 걸리는 시간이 짧기에 어떤 일에 직면했을 때 더 빨리 반응한다. 이는 그들의 사교적 활동이나 관계 에서 나타나는 모습만 봐도 알 수 있다. 외향적인 사람은 말하는 속 도가 빠르다. 다른 사람과 대화할 때도 말과 반응이 빨라서 상대방 에게 말귀를 잘 알아듣고 똑 부러진다는 인상을 준다. 내성적인 사 람은 말수가 적고 반응 속도가 느려서 사람들에게 왠지 모르게 답 답하고 둔한 인상을 심어 준다.

의사소통할 때 불편함은
타이밍 때문이야

영화 〈주토피아Zootopia〉에서 토끼 경찰관 주디는 자동차 번호판을 확인하기 위해 차량국을 방문해 창구 직원인 나무늘보 플래시를 만난다. 모두 알다시피 나무늘보는 반응과 행동이 매우 느린 동물이다. 플래시는 말과 행동이 느린 데다 웃는 타이밍까지 느린 탓에 성미가 급한 주디의 속을 뒤집어 놓는다.

현실에서도 영화에서처럼 두 사람의 의사소통 리듬이 같은 채널로 연결되지 않으면 확실히 타이밍이 맞지 않고 대화가 잘 안 통하는 느낌이 든다. 이는 많은 외향적인 사람이 감정적인 측면에서 내성적인 사람들에 대한 편견을 갖는 이유 중 하나다.

이런 관점에서 보면 반응 속도가 느리고 정보를 가공하고 처리하는 속도가 느린 것이 단점으로 보인다. 적자생존이라는 생존경쟁의 원리대로라면 천천히 마음을 여는 사람은 도태되어야 할 것 같지만 그렇지 않다. 그들은 사회 모든 영역에 걸쳐 없어서는 안 될 중요한 위치를 차지한다. 반응하는 데 오랜 시간이 필요한 사람에게는 몇 가지 특별한 장점이 있기 때문이다. 그들은 정보를 심도 있게 처리하는 능력이 뛰어나고 깊이 생각하는 능력도 탁월하다.

일부 심리학자들은 말 잘하는 아이의 성적은 평균 수준인데 오히려 말수가 적은 아이의 학습 성취도는 높은 편이라고 한다. 이 주장을 뒷받침하는 좋은 사례가 바로 아인슈타인이다. 그가 처음 학교에 갔을 때 너무 과묵하고 까칠하다 보니 선생님은 그에게 문제가 있다고 생각했다. 아주 간단한 질문에도 이리저리 생각하고 횡설수설했다. 어쨌든 여타 학생들과는 달라도 너무 달랐다. 그런 그가 세상에 대한 인간의 모든 인식에 변화를 가져온 것이다. 엄청난 업적을 이룬 아인슈타인은 "내가 똑똑해서가 아니라 문제를 오랫동안 고민했을 뿐이에요"라고 설명했다.

모든 문제에는 양면성이 존재한다. 느림에는 단점 못지않게 장점도 존재한다. 천천히 타오르는 내성적인 사람이 깊이 사고하는 능력을 적재적소에 사용하면 자신의 가치가 자연스럽게 드러날 것이며, 말을 많이 하든 적게 하든 다른 사람이 그들에게 보이는 호감에 방해가 되지 않을 것이다.

내성적인 사람이
느린 이유

내성적인 사람은 친구를 사귀는 문턱이 매우 높은데, 그들의 원칙은 '양보다 질'이다. 즉, 절대적으로 신뢰하는 소수의 친구와만 사귀면서 오랫동안 안정적이고 친밀한 관계를 유지한다. 또 상대방을 충분히 이해하지 못하면 일반적으로 불안함을 느껴 강력한 방어기제를 보인다. 주변이 충분히 안전하지 않다고 느끼면 혹시나 상처를 입을까 봐 두려워 본능적으로 달팽이처럼 껍데기 속으로 몸을 숨긴다.

대부분 내성적인 사람은 인간관계에 차가운 편이다. 그렇다고 그들이 사람을 좋아하지 않는다는 것이 아니라 단지 상처받지 않기 위해 자신을 보호하는 것일 뿐이다. 그래서 많은 사람이 내성적인 사람은 도도하고 차갑다고 생각하는데, 사실 이것은 오해다. 내성적인 사람은 차도남, 차도녀보다 츤데레에 더 가깝다. 전자는 자신이 상대방보다 훌륭하고 우월한 존재이기 때문에 그와 어울릴 수 없다는, 일종의 상대방을 무시하는 차가운 태도로 공격성을 내포하고 있다. 후자는 자신이 너무 평범한 사람이라 오히려 사람들에게 받아들여지지 않을까 두려워 일부러 거리를 두는 태도인데, 여기에는 일종의 자기 보호적 성향이 강하다.

내성적인 사람이 누군가에게 관심을 드러내는 방법은 그 사람을 깊이 이해하고 좋아하는 것이다. 그들은 진짜 친한 친구가 되어야만 경계심과 긴장이 풀려서 솔직하고 친근하게 소통할 수 있다고 믿는다. 즉, 내성적인 사람이 사람을 대하는 태도와 열정은 두 사람 사이의 진실한 정서적 친밀도에 비례한다.

외향적인 사람과 내성적인 사람은 이처럼 무척 다르다. 외향적인 사람은 '붙임성'이 좋아서 누구와도 오래 알고 지낸 친구처럼 급속도로 친해지고 활발하게 대화한다. 하지만 처음 만난 사이에 깊은 감정까지는 기대할 수 없다.

그렇다면 그들이 이렇게 할 수 있는 원동력은 무엇일까? 그것은 처음 만났을 때 넘치는 열정과 적극성을 보여 주면 그 관계를 통제할 수 있고 인정받을 수 있다는 사실을 잘 알기 때문이다.

관계의 초기 단계에서는 모순된 마음이 생긴다. 방어기제로 인해 매우 신중하고 말도 거의 하지 않는 반면, 다른 한편으로는 인기 있는 사람임을 증명하기 위해 다른 사람에게 빨리 인정받고 환영받고 싶은 양가의 감정이 든다. 적극적으로 행동해서 친밀감을 조성하여 금세 가까운 관계로 발전할 수 있고 심지어 상대방의 호감과 신뢰까지 얻을 수 있다면, 과연 누가 그렇게 하지 않겠는가?

긍정적인 피드백이 많아지면 그들은 처음 만났을 때의 낯설고 어색한 상황을 더는 두려워하지 않게 된다. 이는 오히려 그들이 먼저 적극적으로 대화하려는 마음을 불러일으켜 처음 보는 사람에게도 친근하게 다가가는 것이 어느새 자연스러워진다. 여기서 짚고 넘어가야 할 점은 붙임성 좋은 것은 사교적 감정이 아닌 기술이라

예민해서 미안해

는 것이다.

내성적인 사람은 사회적 욕구가 강하지 않고 인간관계에서도 통제하려는 욕구가 약한 편이다. 그들은 다만 자신의 마음에 충실하기를 바란다. 좋으면 좋고, 싫으면 싫고, 느끼는 대로 느끼고, 느껴지지 않으면 느끼려고 굳이 노력하지 않는다. 소위 친숙함을 얻으려고 다른 방법을 사용하는 것을 선호하지 않는다. 그저 자연에 순응하듯 있는 그대로 담담하게 받아들이는 태도로 인간관계를 다룰 때 이러한 천천히 다가가고 반응하는 마음가짐은 어쩔 수 없는 것이다.

진짜 좋은 관계는 더디게 온다

얕은 관계가 가장 힘들다

얕은 관계에서는 마음을 천천히 여는 사람이 불리한 입장에 선다. '얕은 관계'란 낯선 사람 사이, 혹은 알긴 해도 잘 모르는 사람과의 관계를 말한다. 내성적인 사람은 얕은 관계를 힘들어한다.

낯선 장소에서 낯선 사람들에게 둘러싸여 있는 당신, 말주변이 없어서 반나절 동안 한마디도 하지 않았다면 분명히 관계에서 문제가 될 수 있다. 이는 다른 사람이 당신을 더 쉽고 빠르게 알아가는 데 방해가 된다. 즉, 다른 사람이 당신을 처음 만났을 때 당신이 어떤 사람인지 읽고 이해하는 문턱이 다소 높다는 의미다. 이해의 문턱이 너무 높다면 당신을 알고 싶고, 가까이 다가가고 싶어 하는 사람이 거의 없을 것이다. 이런 상황에서 관계에 반응하는 속도가 느린 사람은 빠른 사람보다 불리하다. 후자는 밝고 적극적이며, 다

예민해서 미안해

른 사람의 감정을 잘 이끌어 내기 때문에 사람들에게 좋은 첫인상을 남기기 쉽다.

하지만 모든 일에는 양면성이 있듯이 첫인상이 좋더라도 '부족함'이 있을 수 있다. 이런 인상은 두 사람의 관계가 깊어짐에 따라 끊임없이 바뀌고 수정될 것이다. 처음 만났을 때 후광이 비칠 정도로 완벽하다고 느낀 사람도 오래 함께 지내다 보면 그저 일반 사람과 다를 게 없다고 느껴지거나 심지어 마음에 들지 않는 부분만 보인다. 반대로 처음 만났을 때 무관심하거나 인상이 별로 좋지 않았던 사람이라도 오랫동안 지내다 보면 실제로 장점이 많다는 사실을 알게 되어 점점 더 호감을 느끼게 된다.

관계가 깊어질수록
시야가 점점 더 확장된다

만나자마자 많은 시간과 에너지를 들이는 사람들은 빠르게 실망할 수도 있다. 다른 사람들 눈에 자신의 인상이 처음만큼 좋지 않은 것 같고, 상대방도 갈수록 차가워지기 때문이다. 이것이 바로 첫인상 효과(초두 효과)가 실효성이 없다는 증거다.

또 다른 중요한 이유는 처음 만났을 때 친절해서 호감이 있는 것처럼 보일지라도 이것이 진정성 있다고는 볼 수 없기 때문이다. 서로에 대한 이해가 부족한 상황에서는 다른 사람에게 흠잡을 데 없이 잘 대해 줘도 상대방이 당신을 반드시 인정해야 하는 것은 아니다. 그들은 대개 조사와 검증을 거친 후에야 경계심을 풀고 당신을 진심으로 받아 줄 것이다.

초기에는 당신이 잘하든 못하든 사람들은 일단 유보적인 태도를 보인다. 스스로 잘하고 있지 않다고 느낄 때에도 실제 상황은 생각만큼 나쁘지 않을 수도 있고, 다른 사람이 잘하고 있다고 느껴도 실제 상황은 생각만큼 이상적이지 않을 수도 있다.

깊은 관계에서는 천천히 다가가는 사람들이 더 많은 인기를 얻는다. 깊은 관계라고 하면 대개 가족이나 친구, 장기적인 파트너 관계가 여기에 포함된다. 이런 관계에 있는 사람들은 서로를 잘 이해하므로 표현 능력이 가장 중요한 평가 기준이 아니다. 이때 사람들은 말하는 방식과 행동하는 방식을 중요하게 생각한다.

표현력이 뛰어난 사람은 말의 힘을 과신해서 그냥 말하면 된다는 생각에 구체적으로 어떻게 하면 좋을지 몰라서 오히려 상처를 주기도 한다. 반면, 마음의 준비가 느리고 말주변이 없는 사람은 다른 사람이 자신을 오해할까 봐 매우 조심스럽게 행동한다. 오랫동

예민해서 미안해

안 함께 지내다 보면 이들이 속도는 느리지만 오히려 더욱 성실하게 일하고 신뢰감을 준다는 사실을 알게 된다.

내성적인 사람은 천천히 타오르는 만큼 천천히 식는다. 천천히 마음을 여는 사람에게 시간은 정말 좋은 친구다. 당신과 더 많이, 더 오래 지낼수록 당신의 빛나는 면을 발견할 수 있고, 그러면 자연스럽게 당신은 더 많은 인정과 신뢰를 얻을 것이다. 물론 모든 전제는 인내심을 갖고 성실하게 나다운 모습을 찾고 유지하는 것이다.

좋은 관계는
천천히 가도 괜찮다

느림을 받아들이는 마음가짐이 중요하다. 사람과 사람이 교제하는 데는 일정한 리듬이 있고, 어느 정도 시간이 필요하다. 우리가 잠깐은 의도적으로 열정적이고 상대방을 인정하고 서로에게 호감을 보여 줄 수 있지만, 인생의 경험이 조금이라도 있는 사람이라면 우리가 보고 느끼는 것이 반드시 진실이 아니라는 것쯤은 알 수 있다.

우리에게 너무 쉽게 다가오는 사람은 언젠가 쉽게 떠난다. 그들이 다가오거나 떠나는 것은 우리와 무관하기 때문이다. 서로 간에 깊은 감정적 연결 고리가 없기 때문에 그저 사교적 기술과 기교만

남발했을 뿐이다.

만약 반응이 느려서 둔한 축에 가까운 사람이라면 조급해하지 말고 새로운 삶에 적응할 수 있도록 시간을 많이 갖는 것이 좋다. 괜히 쉽고 빠르게 반응하는 사람들과 자신을 비교하면서 다른 사람의 기준에 맞출 필요는 없다. 단지 사람마다 서로 다른 사교적 리듬을 선택했을 뿐이다.

중요한 것은 다른 사람의 리듬에 휩쓸려 자신을 잃어버리지 않고 자기에게 맞는 리듬을 찾는 것이다. 마음과는 다른 불편한 행동은 아무런 도움이 되지 않는다. 우리가 평소에 보이는 모습 그대로 우리를 보여 주면 된다. 단지 다른 사람에게 인정받고 싶다고 일부러 진정성 없는 완벽한 캐릭터를 만들어 낼 필요는 없다. 완벽한 캐릭터는 비눗방울처럼 잠깐은 빛날 수 있지만 닿는 순간 터져 버린다.

반대로 진정성 있는 진짜 모습을 보여 준다면 사람들은 그들만의 방식으로 당신을(장점과 단점 포함) 이해하고 당신에게 적응하며 보다 합리적인 기대를 형성할 것이다. 당신에게 이런저런 단점이 있어 잠깐 불편함을 느낄 수 있지만 그들은 각자 나름의 방식으로 당신의 단점 중 일부에 적응해 나갈 것이다.

그러니 인연이라면 서로에게 더 많은 공감과 호감을 보이고 관계 또한 오래 지속될 수 있다. 비록 결과가 안 좋더라도 모두 서로를

예민해서 미안해

위한 최선의 선택임이 틀림없다. 마음 편하게 온전히 자신이 되는 데 집중하자. 진짜 좋은 관계는 조금 더뎌도 괜찮다. 시간은 두 사람의 관계를 테스트하는 가장 좋은 시금석이다. 함께 많은 일을 겪으면서 서로를 보다 넓고 깊게 이해한 뒤에 서로에게 '별점 다섯 개'를 줄 수 있다면 진지하고 오래 지속되는 관계를 유지할 수 있다.

새로운 환경에 빠르게
적응하는 두 가지 방법

관계에 천천히 스며드는 사람들은 환경 변화를 가장 싫어한다. 새 학년이 되어 새로운 반에 배정되거나 어른이 되어서 직장을 옮기는 일은 그들에게 언제나 크나큰 시련이다. "새로운 환경에 들어갈 때마다 죽을 것 같다"라는 그들의 고백만 봐도 새로운 환경의 변화가 얼마나 힘겨운 일인지 공감할 수 있다.

내성적인 사람이 짧은 시간에 새로운 환경에 적응하는 방법은 무엇일까? 이와 관련된 두 가지 방법이 있다.
우리는 내성적인 사람이 새로운 환경에 적응하는 속도가 느린 것은 자신의 감각 체계가 일시적으로 작동하지 않기 때문임을 알아야 한다. 익숙한 환경에 있으면 우리의 감각 체계는 의식하지 않고도 자동으로 여러 세부 사항을 처리할 수 있다. 이것은 뇌가 사소한 일에 크게 신경 쓰지 않고 더 중요한 일에 집중할 수 있도록 도와준다. 그러나 새로운 환경에 있으면 원래의 감각 체계는 스트레스로 인해 오작동 상태에 빠진다. 이때 사람들은 환경에 적응하는 과정에서 점차 새로운 감각반응 체계를 구축해야 하는데, 이 과정에서 부적응이나 무기력, 불안 등이 나타난다. 여기서 오는 무기력과 불안은 사람이 물에 빠졌을 때 느끼는 것과 같아서 두려움 때문에 살기 위해 지푸라기라도 잡고 싶은 심정이 된다. 그렇다면 어떤 지푸라기가 우리를 구할 수 있을까?

1. 새로운 환경에서 하고 싶은 일 찾기

이제 막 대학 생활을 시작한 신입생이 전공수업이 재미있고 공부하기도 크게 어렵지 않다고 느끼면 자신감과 통제력이 빨리 형성되어 새로운 환경에 더 쉽게 적응할 수 있다.

2. 외향적인 사람과 친구 되기

나도 어렸을 때 굉장히 천천히 마음을 여는 사람이어서 새 학년에 올라갈 때마다 적응하는 데 오랜 시간이 걸렸다. 그런데 딱 한 번 부모님도 놀랄 만큼 빠르게 적응한 적이 있었는데, 당시 만난 짝꿍이 매우 외향적인 친구였다. 활발하고 다정한 그 친구 덕분에 새로운 환경에 대한 낯섦과 두려움이 금방 잊혔다.

이 경우는 특수한 상황이 아니라 많은 사람이 경험해 봤을 것이다. 내성적인 사람이 새로운 환경에 빨리 적응하는 가장 좋은 방법은 외향적인 친구에게 '입양'되는 것이라는 말이 나올 정도로 확실히 효과가 있다.

4장

당신이 대화를
못하는 건
말솜씨 때문이 아니다

침묵도 내성적인 사람이 삶에 참여하는
하나의 방식이다. 편안한 마음을 되찾고
자신의 필요를 먼저 충족시킨 다음
다른 사람에게 주의를 기울이는 것이 더 낫다.

무슨 말을 해야 할지 모르겠다면

침묵도 하나의 표현 방식이다

대화를 나누다가 마땅히 주제를 찾지 못하고 무슨 말을 해야 할지 몰라서 골치 아팠던 경험이 있을 것이다. 마음 속으로 이런저런 화제를 떠올리려 애써 보지만 딱히 떠오르지 않아 결국 아무 말도 하지 못한다. 사하라 사막에서 오아시스를 찾는 사람처럼 극도로 당황하고 깊은 절망을 느끼면 자연스럽게 침묵할 수밖에 없다. 나도 비슷한 경험이 많았다. 가장 직접적인 문제는 중요한 순간에 마치 뇌가 필름이 끊기는 것처럼 무슨 말을 해야 할지 모른다는 점이었다. 게다가 이것은 결코 노력한다고 될 일이 아니라는 것이었다.

무슨 말을 꺼내야 할지
난감하다

　과거 설문조사를 한 결과, 내성적인 사람들이 사교 활동에서 가장 크게 고민하는 것으로 '대화할 때 주제를 찾을 수 없다'가 2위를 차지했다. 이런 상황이 자주 발생한다면 어떻게 해야 할까? 이 질문에 대답하려면 먼저 이 문제가 발생하는 이유부터 알아야 한다.

　우선 말수가 적은 것은 내성적인 사람만의 고유한 표현 방식이다. 그들은 다른 사람들이 대화할 때 아무 말도 하지 않을 때가 많은데 종종 논의하는 주제를 거의 알지 못하거나 자기 생각이나 의견이 없는 것으로 오해를 받기도 한다. 하지만 어쩌다 그들이 주도적으로 말을 하기 시작하면 사람들은 그들의 깊은 통찰력에 놀라움을 금치 못한다.

　내성적인 사람은 표현의 정확성을 추구하고 자신의 입에서 나오는 모든 말에 진정성이 있길 바란다. 전형적으로 내성적인 나 또한 과거에 이런 상황을 자주 경험했다. 모두가 어떤 주제로 토론하고 있는데, 갑자기 머릿속에서 좋은 생각이 번쩍 떠올랐다. 하지만 평소처럼 성급하게 나서지 않았다. '이게 과연 옳은 생각일까?', '이 논리가 합리적으로 보일까?', '지금 말해도 될까?'를 고민하며 망설이

　　　　　　　　　　　　　　　　　예민해서 미안해

던 차에 갑자기 누군가가 일어나 내가 하려던 말을 한 뒤 만장일치로 인정과 칭찬을 받았다. 그제야 일찍 말하지 않은 것에 대한 후회와 자괴감이 밀려왔다.

이런 상황은 나뿐만 아니라 많은 사람이 경험했을 것으로 생각한다. 말하기 전에 반복적인 생각을 거쳐 말할 내용이 명확해지면 비로소 입 밖에 꺼내는데 이것은 내성적인 사람의 표현 습관이다. 외향적인 사람과는 매우 다르다. 외향적인 사람은 생각이 아직 다 듬어지지 않았더라도 생각하면서 말하거나 생각나는 대로 말하는 편이다. 그러나 내성적인 사람은 자신이 하는 모든 말에 엄격한 잣대를 들이대기 때문에 깊은 통찰력이 없거나 확실한 근거가 없으면 말하지 않는다.

서로 다른 표현의 기준은 다른 표현의 빈도를 결정한다. 누구든 자신이 하는 말에 많은 제한을 두지 않으면 거리낌 없이 편하게 표현하는데, 제한을 두면 '생각'과 '말하기' 사이에 필터가 작용해서 최대한 걸러서 말하게 된다.

대화의 의미가
중요하다

내성적인 사람은 대화할 때 주제에 영양가가 없고 의미가 없다고 느껴지면 표현 욕구가 사라진다. 예를 들어 방금 친구를 만나서 인사를 나눠야 하는 상황이라면 외향적인 사람은 대개 상대방과 활발하게 이야기를 나눈다. 날씨부터 상대방의 옷차림과 표정의 세밀한 변화, 그리고 사회적 이슈까지 다양한 주제를 가져와 어색한 시간을 메운다.

그러나 내성적인 사람의 눈에는 이러한 상투적인 대화가 무의미해 보여서 인사치레로 하는 대화를 좋아하지 않는다. 이러한 가치 없는 대화에 시간을 낭비하지 않는 것이다. 또한 직접 본론으로 들어가는 것을 좋아해 간단히 인사만 나눈 뒤 바로 요점으로 들어가 자신이 논의하고 싶은 내용을 이야기한다. 그리고 문제가 해결되면 대화도 마친다.

그들은 많은 것을 무의미한 영역으로 분류하기 때문에 일상에서 침묵을 선택할 때가 많다. 주변 사람들이 웃고 떠들며 다양하고 흥미로운 주제로 이야기를 나눌 때 내성적인 사람은 아웃사이더처럼 지켜보기만 한다.

예민해서 미안해

사실 침묵은 내성적인 사람이 다른 사람과 어울리는 방식이다. 그들은 아무것도 하지 않는 것이 아니라 사냥꾼처럼 가치 있고 의미 있는 목표를 끊임없이 관찰한다. 그것을 발견하기 전까지 침묵을 지키며 휴면 상태를 유지한다. 내성적인 사람은 자신에게 의미 있는 사람이나 일을 찾으면 거기에 모든 시간과 열정을 쏟아붓는데, 이는 평소에 전혀 볼 수 없었던 새로운 모습이다.

내성적인 성격이어도 친한 친구와 함께 있으면 매우 활동적이고 심지어 '수다쟁이'로 변하는 사람도 있다. 또 사람이 많은 자리에서는 말을 잘하지 못하고, 말해야만 하는 상황에서 말을 더듬다가도 관심 있는 주제와 관련된 이야기를 나누거나 심지어 연설할 때는 탁월한 통찰력으로 굉장히 논리적이고 유창하게 이야기하는 사람도 있다. 내성적인 사람에게 '의미'는 인생의 에너지를 공급하는 스위치일 뿐만 아니라 말문을 열 수 있는 열쇠다.

말하는 것은
수도꼭지와 같다

왜 어떤 사람은 다른 사람과 이야기를 나눌 때 늘 멍하고 무슨 말을 해야 할지 모르는 반면, 어떤 사람은 항상 이야기할 주제가 많고 침묵과는 거리가 먼 걸까? 우리는 흔히 우리가 할 말이 자신이 적극적으로 생각해 낸 말이라고 생각하지만, 사실 이것은 오해일 수 있다. 말을 잘하는 사람은 다음에 무슨 말을 할지 전혀 생각하지 않는다. 주변에 대화를 잘하는 사람에게 물어보자. 그냥 입에서 나오는 대로 할 뿐이고 어떻게 그런 말이 나왔는지는 잘 모른다고 대답할 것이다.

말하는 것은 때로 수도꼭지와 같다. 내성적인 사람과 외향적인 사람이 하는 일은 동일하게 수도꼭지를 트는 것이다. 여기서 차이점은 전자는 수도꼭지를 틀어도 물이 나오지 않고, 후자는 끝없이 물이 흘러나온다는 것이다.

왜 이런 차이가 발생할까? 인지심리학자의 관점에서 볼 때, 인간의 심리는 컴퓨터의 운영체제처럼 정보를 처리하는 시스템이다. 쉽게 말하자면 우리의 의식은 크게 두 가지 일을 하는데, 하나는 주변 환경의 정보를 뇌에 입력하는 일이고, 다른 하나는 주변 환경으로 정보를 출력하는 일이다.

외향적인 사람에게 늘 다양한 이야기 주제가 있는 이유는 그들의 성격상 다른 사람과 어울리고 싶은 본능적인 충동이 있기 때문이다. 그리고 함께 지내는 과정에서 주변 사람들과의 지속적인 소통을 통해 주제의 폭과 소통 능력이 확장된다. 이에 반해 내성적인 사람은 혼자 생각하는 것을 좋아하고 다른 사람과 소통하려는 의지가 약하기 때문에 외향적인 사람보다 소통의 횟수가 많지 않다. 따라서 내성적인 사람과 외향적인 사람이 같은 사람을 만나도 보는 관점에 차이가 있어 실제로 교제하면서 입력하는 정보는 매우 다르다. 내성적인 사람이 보는 것은 흐릿하고 저해상도의 사람이다. 상대방의 성별과 외모, 옷차림 등 단순한 정보 외에 상대방에게서 관찰할 수 있는 것은 많지 않다. 대부분의 경우, 그들은 자신에게 더 집중한다.

* 나는 무슨 말을 해야 할까?
* 내가 방금 한 말이 적절했나?
* 내 행동이 너무 별로였나?

내성적인 사람은 누구와 교류하든 자신을 더 많이 보며 다른 사람보다 자신에게 더 주목한다. 이로 인해 그들은 인간관계를 통한 외부 세계로부터 들어오는 정보를 얻지 못해 출력할 정보도 많지 않다.

반면에 외향적인 사람은 상대방에게 전적으로 집중하므로 고해상도로 선명하게 관찰한다. 상대방의 말 한마디, 미소, 사소한 표정 변화, 의도치 않은 몸짓 하나까지도 정보를 수집해 머릿속에 끊임없이 입력하고 표현할 수 있는 생각과 아이디어로 처리한다. 따라서 다른 사람과 대화할 때 다양한 주제가 계속해서 샘솟고 자연스럽게 대화를 이어갈 수 있는 것이다.

이것이 외향적인 사람이 트는 수도꼭지에는 항상 물이 흐르는 진짜 이유다. 결국 인간관계에서 타인에게 관심을 많이 기울일 수 있는지가 대화를 잘하는 원동력이 된다. 주변 사람들에 대한 호기심이 있어야만 다른 사람에게 관심을 쏟고 다양한 질문을 품을 수 있다. 그래야 상대방과 원활하게 소통할 수 있다. 그리고 이것이 비슷한 문제를 해결하는 가장 근본적인 방법이다.

물론 내성적인 사람은 성격이나 습관의 영향으로 사람보다 사물에 더 많은 관심을 보인다. 이는 근본적으로 사회적 교류에서 대화 주제가 외향적인 사람만큼 많지 않다는 것을 의미한다. 그렇다고 해서 조급하게 자신을 부정할 필요는 없다. 앞서 언급했듯이 모든 사회적 행동은 우리의 사회적 욕구를 중심으로 이루어진다. 대화도 마찬가지다. 중요한 것은 다른 사람과 비교해서 누가 더 잘하고 못 하는지를 가리는 것이 아니라 대화를 통해 자신의 욕구를 충족시킬 수 있느냐다. 수다를 좋아한다면 말을 많이 할수록 좋고, 할 말이 없다면 침묵을 지키면 된다. 할 말이 없다면 조용히 있는 것도 나쁘지 않다.

내성적이지만
주도적으로 대화하는 법

자신의 관심사를 이야기하라

내성적인 사람이 대화할 때 주제를 찾지 못하고, 항상 무엇을 말해야 할지 모르는 근본적인 이유에 대해 살펴보았다. 이것이 문제가 되는 사람도 아닌 사람도 있을 것이다. 대부분 개인의 경험과 느낌에 달려 있다. 만약 당신이 불편함을 느끼지 않고 삶과 일에 큰 영향을 받지 않는다면 지금 그대로 두어도 괜찮다.

반대로 크게 불편하거나 일상생활에 부정적인 영향을 미친다면 익숙한 환경에서 벗어나 적극적으로 주제를 찾아야 한다. 구체적으로 어떻게 찾을 수 있을까?

가벼운 주제로
대화를 시작한다

인간관계든 대화든, 가장 중요한 것은 사람이다. 그런데 우리는 이 사실을 종종 간과한다. 예전에는 나도 사람들과 소통할 때 바로 본론으로 들어가서 할 말만 하고 깔끔하게 끝내는 것을 선호했다. 이런 방식이 간단하고 직접적이며 효율적이라고 생각해서 불필요한 말은 하지 않았다. 아니, 할 필요가 없었다. 그 당시 가장 싫었던 것은 만났을 때 하는 인사말이었다. 모두 예의상 하는 겉치레일 뿐 특별한 의미가 없다고 생각했다.

그렇다면 인사말은 그저 예의상 하는 말일까? 꼭 인사말을 나눠야 할까? 사람들이 인사말을 주고받을 때 무슨 말을 하는지 조금만 지켜보면 그 이유를 알 수 있다.

* 어디서 오셨나요?
* 어느 학교를 나왔나요?
* 어떤 음식을 좋아하나요?
* 오늘의 옷차림 / 헤어스타일 / 가방 / 시계 등에 관한 대화(주로 칭찬)

사람들이 이런 이야기를 나누는 것은 다음에 나눌 이야기와 관런이 없을 수도 있지만, 대화하는 사람과는 밀접한 관련이 있다. 이 것은 상대방에게 '나는 당신과 이야기를 나누고 있으며 나에게는 당신이 중요하고, 그다음이 당신과 관련된 사항이다'라는 메시지를 전달한다.

이러한 논리를 가지고 본론에 들어가기 전에 몇 마디 가벼운 대화를 나눈다면 서로의 심리적 거리가 가까워져 좀 더 편안한 감정으로 대할 수 있다. 반대로 누구와 대화하든지 항상 진지한 태도로 본론에만 집중하는 사람은 다른 사람에게 너무 딱딱하고 경직된 느낌을 주어 전반적으로 불편함을 느끼게 한다.

이러한 불편함의 근본 원인은 상대방을 무시하는 데 있다. 이것은 '나는 오로지 본론에만 관심이 있을 뿐 당신에게는 관심이 없으며, 사안이 당신보다 더 중요하다'라는 미묘한 메시지를 전달한다. 이런 태도를 좋아하는 사람은 없을 것이다. 그러므로 대화에 온기가 있으려면 먼저 사람에 집중하고 상대방과 관련된 세부 이야기를 나누는 것이 중요하다. 누구든 자신이 주목받고 중요하게 여겨져야 마음이 따뜻해지고 열정적으로 대화를 이어 가고 싶어진다.

내성적인 사람이 의미 없는 안부 인사와 외교적 수사 같은 인사치레를 싫어하는 것은 어떻게 보면 본능이다. 그러니 외향적인 사람처럼 인사말을 건네려고 애쓸 필요는 없다. 하지만 적절히 가벼운 주제를 다루며 서로 간의 정을 돈독히 하는 것은 나름대로 가치가 있다. 가치가 있다는 것은 의미가 있다는 뜻이다.

관심사로 대화의
물꼬를 틔워라

흔히 내성적인 사람은 말을 잘하지 못한다고 말한다. 그러나 이 말은 정확하지 않다. 내성적인 사람은 말하기를 싫어하는 것이 아니라, 많은 경우 대화 주제가 마음에 와닿지 않고 크게 흥미를 느끼지 못해서 말하고 싶은 욕구가 생기지 않을 뿐이다. 자신의 관심사와 관련된 대화가 오가면 그들도 얼마든지 대화를 이어 갈 수 있다.

내 주변에는 심리상담사 친구들이 많은데, 그중 상당수는 내성적이다. 그들은 일상에서 대체로 조용하고 말수가 적다. 하지만 심리학에 관한 주제로 대화를 시작하면 마치 다른 사람이 된 것처럼 이야기를 늘어놓는다.

일부 내성적인 사람들은 다른 사람과 교류할 때 분위기가 어색해지거나 상대방이 자신을 좋아하지 않을까 봐 걱정돼서 상대방이 관심을 가질 만한 이야기를 해서 호감을 얻으려 하는 경향이 있다.

예민해서 미안해

그러나 내성적인 사람들은 외향적인 사람들처럼 사교적인 관찰력이 예민하지 않아서 상대방이 무엇을 좋아하고 무엇을 싫어하는지 잘 모르기 때문에 비위를 맞추려고 해도 어떻게 해야 할지 모르는 딜레마에 빠지고 만다.

이런 경우 자신의 욕구를 우선적으로 챙긴다. 자신을 먼저 만족시키고 나서 다른 사람을 만족시킨다. 다시 말해서 대화할 때 자신이 관심 있는 주제가 무엇인지 살펴보고 자신의 표현 욕구를 먼저 해소하고 충족시키는 것이 좋다. 그러다 우연히 상대방이 그 주제에 관심을 보이면 자연스럽고 즐거운 교류로 이어질 수 있다.

비록 몇몇 주제가 지극히 개인적인 관심사일지라도 이 역시 가치가 있다. 취미나 관심사는 마치 태그처럼 다른 사람의 머릿속에 당신의 인지도를 높일 수 있다. 이런 내용을 공유함으로써 상대방은 당신에 대해 더 많이 알게 되고 이해하게 된다. 이것은 서로의 관계를 더욱 가깝게 하는 데 도움을 준다.

50% 원칙을 기억하라

내가 말하지 않는 이유는
당신의 이야기가 듣고 싶어서다

대화는 자신을 표현하는 것뿐만 아니라, 다른 사람이 말할 때 어떻게 반응하는지도 중요한 부분으로 포함한다. 대화를 잘하는 사람들은 일문일답一問一答 형식에 익숙하다. 반면에 내성적인 사람들은 상대방이 물으면 대답하고, 질문하지 않으면 침묵을 지키며 자신의 생각이나 느낌을 적극적으로 이야기하거나 상대방의 관심사를 관찰하지도, 묻지도 않는다. 이런 방식은 대화를 이어 가고 싶은 의지와 열정이 없어 보일 수 있으므로 상대방도 대화를 계속 이어 갈 이유나 흥미를 잃고 만다. 좋은 소통과 교류는 상대방을 심문하는 듯한 단순한 일문일답이 아니라 서로를 보여 주고 공유하는 것이기에 보다 적극적으로 반응해야 대화에 흥미를 느낄 수 있다.

예민해서 미안해

그렇다면 어떤 반응 방식이 적극적일까? "무슨 일이 있었어?", "그다음에는 어떻게 됐어?" 같은 반응을 많이 사용하면 상대방이 일어난 일을 설명하기가 수월해지고 상대방의 관심사에 대해 더 깊은 대화를 나눌 수 있다. 또한 "다행이다", "정말 잘됐다", "많이 힘들었겠다"와 같은 표현으로 감정에 반응해 주면 상대방은 자신의 마음을 알아주고 이해해 주는 누군가가 있다는 안정감을 느낄 수 있다.

이러한 반응은 표면적인 정보 전달은 물론 감정적으로 연결시켜 상대방의 인정과 호감을 쉽게 얻게 한다. 그 결과, 상대방은 당신과 깊게 교류하기를 원한다.

50% 원칙으로
경청하라

인간관계에서 자신을 표현하는 능력은 중요하다. 하지만 그보다 더 중요한 능력이 있다. 바로 '경청'이다. 대화 중에 사람들은 자신의 존재감을 드러내고 싶어 한다. 분명히 조리 있게 말하고 주목받는 사람이 가장 존재감이 크다. 그래서 사람들은 말을 잘할수록 존재감이 커지고 다른 사람이 더 좋아할 거라고 쉽게 착각한다. 그래서 내성적인 사람은 자신이 말하지 않기 때문에 존재감이 없고 아무도 자신을 좋아하지 않는다고 단정한다.

사실은 그렇지 않다. 인간관계에서 누군가 당신을 좋아하는 진짜 이유는 당신이 좋은 사람이어서가 아니라, 당신과 함께 있으면 자신이 좋은 사람이라는 느낌이 들기 때문이다. 대화할 때, 쉴 새 없이 말하는 사람이 더 좋은가? 아니면 진지하게 당신의 말을 들어주고 당신의 의견을 충분히 표현할 수 있게 해 주는 사람이 더 좋은가? 분명히 후자가 훨씬 편할 것이다.

말다툼하고 싶다면 말솜씨가 좋고 표현력이 강한 사람일수록 유리하지만 다른 사람과 즐거운 대화를 나누고 서로의 호감을 높이고 싶다면 중요한 것은 말하는 능력이 아닌 듣는 능력이다.

대부분의 사람에게 '나르시시즘narcissism'이 있는데, 이것은 특히 관계에서 더 잘 드러난다. 남에게 주목받고 싶은 욕구가 충족되어야만 그들은 당신을 신뢰할 수 있는 사람으로 여긴다. 그래서 경청하는 사람들은 소극적이고 수동적으로 보일 수 있지만 친밀한 관계로 발전하는 데에는 다른 사람들보다 한발 앞서 있다.

다른 사람과 의사소통을 할 때는 말하는 것과 듣는 것에 순서가 있다. 중요한 일이나 관계일수록 경청을 우선시한다. 유창하게 말하는 것보다는 귀담아 경청하는 것이 더 중요하며 경청할 수 있는지

——————— 예민해서 미안해

는 사람의 감성지수가 높고 낮음을 구분하는 중요한 지표가 된다.

내성적인 사람에게 경청은 어려운 일이 아니며, 어쩌면 유전자에 새겨진 본능이기도 하다. 경청에 있어서 내성적인 사람은 무엇보다 '50% 원칙'을 잘 파악해야 한다. 내성적인 사람은 대화할 때 '듣기'에 익숙한 만큼 주변 사람들이 계속 말하기를 바라며, 자신은 '응', '아', '좋아', '그래'라고만 대답하면 된다.

반면에 외향적인 사람은 '말하기'에 익숙해서 가능한 모든 시간을 사용해서 마음속에 있는 말을 쏟아내야 속 시원함을 느낀다. 하지만 듣기든 말하기든 너무 지나치면 상대방을 불편하게 한다. 전자는 상대방에게 무관심과 소외감을 느끼게 할 수 있으며, 후자는 상대방에게 잔소리로 들리게 하며 거부감과 거리감을 느끼게 한다.

이러한 상황을 피하려면 '50% 원칙'을 잘 활용해야 한다. 예를 들어, 내성적인 사람은 대화할 때 듣는 시간이 50%를 넘지 않도록 스스로에게 상기시켜 의식적으로 더 많이 말하도록 자극할 수 있다. 물론 현실은 그리 간단치 않다. 50%는 강제 기준이 아닌 말하는 습관을 바꾸도록 상기시키는 방향성을 제시해 주는 것뿐이다. 결론적으로 조용한 것도 괜찮지만 너무 조용해서는 안 된다.

어색해도
괜찮다

내성적이고 말을 잘하지 못하는 사람은 대화할 때 무슨 말을 해야 할지 몰라서 자주 어려움을 겪으며, 어려움을 풀고자 많은 시간과 에너지를 소비한다. 그러나 이는 일시적으로 문제를 완화시킬 뿐 해결에는 한계가 있다. 다시 말해 이 문제는 영원히 해결할 수 없으며, 외향적인 사람처럼 다양한 주제를 자유롭게 다룰 수도 없다.

긴장, 사고 정지, 어색한 침묵 같은 한때 우리를 괴롭혔던 문제들은 우리 안에 계속 존재할 뿐만 아니라 미래의 다양한 사회 활동에서도 사라지지 않을 것이다. 사실 그렇다고 해도 괜찮다. 나이가 들고 인생 경험이 쌓이면서 우리의 시각도 달라진다.

그저 대화일 뿐, 말하고 싶을 때는 좀 더 많이 말하고, 말하고 싶지 않을 때는 입을 다물면 된다. 상대방이 의도를 이해하면 충분하다. 말을 잘 못해도 괜찮다. 매번 대화할 때마다 분위기가 화기애애할 수만은 없다. 어색한 분위기여도 상관없다. 모든 일을 담담하게 여기면 어떤 일을 해도 훨씬 자연스러워진다. 당신은 더는 대화를 완수해야 하는 것을 중요한 임무로 여기지 않을 것이고, 미리 대화 주제를 준비하기 위해 머리를 쥐어짜지 않아도 되며, 대화 중에도 무슨 말을 하고 무슨 말을 하지 말아야 할지를 더는 고민하지 않아도

예민해서 미안해

된다. 그러면 자신의 느낌과 기분에 맡기며 대화를 이어갈 수 있다.

기분이 좋으면 많은 대화가 이루어지고 기분이 나쁘거나 대화가 재미없으면 오고 가는 대화가 적어지거나 아예 대화를 먼저 끝내버린다. 머리보다는 감정이 대화를 주도하면 대화가 훨씬 더 순조로워진다. 그제야 대화에 휘둘리지 않고 제어할 수 있음을 알게 될 것이다.

긍정적 의사소통:
머리보다는 감정적인
대화의 기술

말주변은 없지만 주변 사람에게 호감을 얻고, 심지어 존경을 받는 사람이 주변에 있을 것이다. 이들에게는 공통점이 있는데, 바로 긍정적인 의사소통 능력이다.

의사소통의 핵심은 대화의 기술에 있지 않다. 기술적인 의사소통은 대부분 표면적인 문제만 해결한다. 진짜 효과적인 의사소통은 다른 사람과 교류할 때 그 관계를 어떤 방향으로 이끌고 싶은지, 예를 들어 경쟁 관계인지 협력 관계인지에 대해 고민한다. 이것이 바로 긍정적인 의사소통이다.

강압적이고 강한 카리스마를 내뿜는 사람은 다른 사람과 교류할 때 대립적인 느낌을 선호한다. 이런 유형의 사람들은 이성적인 논리와 옳고 그름을 분별하는 것을 좋아한다.

일단 '내'가 옳고 '네'가 틀렸다는 것이 증명되면, '나'는 정당하게 '너'를 통제하고 '나'에게 복종하게 만들 수 있다. 그러므로 말은 그들에게 다른 사람을 통제하고 정복하는 데 매우 유용한 무기로 사용된다. 이런 교류 방식은 상대방과 대립하는 것이 특징이며, 서로가 경쟁 관계에 있기 때문에 말의 힘이 중요하고 이는 경쟁 관계에서 자신의 우위를 결정한다.

또 다른 교류 방식은 협력 관계를 구축하는 것이다. 즉, 두 사람이 서로 얼굴을 맞대고 있는 대립 관계가 아니라 어깨를 나란히 하는 협력 관계를 이루는 것이다. '내'가 '너'와 교류하는 것은 '너'를 지배하거나 정복하기 위함이 아니라 함께 협력하고 공감하기 위해서다. 이를 '긍정적 의사소통'이라고 부른다. 긍정적 의사소통을 실천하는 구체적인 방법 세 가지를 살펴보자.

1. 상대방 존중하기

관계는 사람과 사람 사이의 상호작용이다. 상대방을 어떻게 대하는지, 상대방이 자신을 중요한 사람으로 여기는지가 두 사람의 관계에 영향을 미친다. 상대방이 친근하고 우호적인 사람으로 느껴질 때와 악의적이고 적대적으로 느껴질 때의 관계는 전혀 다른 양상을 보일 것이다. 상대방에게 존중의 느낌을 주는지, 아니면 무시하는 느낌을 주는지에 따라 서로 다른 반응이 나타난다. 어떻게 상대방에게 존중하는 마음을 표현할 수 있을까? 간단하게는, 상대방의 말을 진지하게 듣고 적절하게 반응해 주는 것이다. 말로 소통하고 공감할 뿐만 아니라, 상대방을 주시하거나 고개를 끄덕이는 등 몸짓으로도 상대방에게 존중하는 느낌을 줄 수 있다. 이런 느낌을 받으면 상대방은 당신과 진지하게 소통하고 싶어진다.

2. 상대방의 감정 살피기

소통에는 두 가지 의미가 있다. 하나는 정보의 교환이고, 다른 하나는 감정의 연결이다. 예를 들어, 친구가 누군가에게 상처를 받아 화가 난 채로 당신에게 털어놓을 때, 당신이 "화를 내봤자 무슨 소용이 있어? 이렇게 했어야지."라며 조언을 해 준다고 하면, 비록 당신의 말이 충분히 옳고 납득할 만한 것이라도 상대방은 그 말을 잘 받아들이지 못할 것이다. 왜냐하면 그건 상대방이 진정으로 듣고 싶은 말이 아니기 때문이다.

그런데 "네 기분 충분히 이해해. 이런 일을 겪는다면 누구

라도 기분이 나쁠 거야."라고 말해 준다면 결과는 달라진
다. 이런 반응은 감정적인 공감대를 형성한다.

3. 옳고 그름보다 공감대 형성이 먼저다

많은 사람이 문제나 갈등이 발생했을 때 본능적으로 옳고
그름을 가리려고 한다. 매우 흔한 반응이라 어느 정도 이해
하지만 각자의 입장과 문제를 바라보는 관점이 다르므로
때로는 옳고 그름을 명확히 구분하기가 어렵다. 그래서 다
툼이 자주 발생한다. 우리는 모두가 자신이 옳고 상대방이
틀렸다고 생각한다. 자신이 옳다고 굳게 믿을 때 실수가 일
어난다. 옳고 그름에 지나치게 신경을 쓰면 결국 감정까지
상하고 만다. 갈등이 발생했을 때, 특히 옳고 그름을 판단
하기 어려운 복잡한 문제에 직면했을 때는 이 문제에 과도
하게 얽매이지 말고 문제를 어떻게 해결할 것인지를 고민
하는 것이 중요하다. 문제 해결의 핵심은 공감 포인트를 찾
는 것이며 이것은 서로 간의 타협을 통해서만 이루어질 수
있다.

의사소통에서 협력을 중시하는 사람은 가끔씩 문제를 해결
할 때 손해를 보기도 하는데, 자신의 문제가 아님에도 불구
하고 서로 공감대를 형성할 수 있도록 적극적으로 타협을

주도한다. 이런 행동은 어리석어 보일 수 있고 손해를 입을 수 있지만, 이로써 상대방에게 당신을 신뢰할 만한 사람으로 증명할 수 있다. 이 사실이 알려지면 더 많은 사람이 당신과 협력하려 들 것이다. 미래에 영향력이 커지고 앞으로 다른 사람과 소통하는 데 어떤 대화의 기술도 필요하지 않을 것이다. 이것이 바로 긍정적인 의사소통의 진정한 가치다. 여기에는 성장의 힘이 있기에 시간이 지날수록 당신은 더욱 강해진다.

5장

미움받을 용기가
필요하다

우리에게는 미움받을 용기가 필요하다.
화를 내지 않아도 되지만 그렇다고
화내는 법을 모르면 안 된다.
자신의 공격성을 쉽게 버리지 말자.
그것은 우리가 살아남기 위한 필수 요건이다.

갈등 공포증

갈등을 회피하거나
비위를 맞추려 하지 마라

인간관계에서 갈등은 피할 수 없는 일이다. 가족이든 친구든 동료든 상관없이 사람들과 교류하다 보면 문제가 생기고 이는 갈등으로 이어질 수 있다. 인간관계의 갈등과 충돌이 가져오는 부정적인 영향은 너무나 분명하다. 사회심리학자 데이비드 존슨David Johnson은 갈등에 대해 이렇게 말한다.

"갈등은 분노와 적대감, 고통, 괴로움, 지속적인 증오, 심지어 폭력까지 유발할 수 있다."

우리는 본능적으로 쾌락을 추구하고 고통을 피하려고 한다. 그러므로 갈등 앞에서 침착함을 유지할 수 있는 사람은 아무도 없다.

내성적인 사람에게는 갈등이 훨씬 더 고통스럽다. 어느 작가는 갈등에 대해 "나는 누군가와 함께 있을 때 감정을 솔직하게 표현하지 못할 뿐만 아니라 상대방과 다투지도 않는다. 나는 갈등도, 다른 사람의 기분이 나쁜 것도 매우 두렵다."라고 했다. 이 두려움이 일정 수준에 도달하면 갈등 공포증으로 이어진다. 모든 갈등을 두려워하고, 다른 사람을 기분 나쁘게 할 수도 있다고 생각하면 불안하거나 심지어 무너질 수도 있다.

내성적인 사람이 인간관계의 갈등을 두려워하는 이유는 복잡하지 않다. 내성적인 사람은 선천적으로 사람들과의 교류에 그다지 능숙하지 못하며, 인간관계에 너무 많은 시간과 에너지를 소비하고 싶어 하지 않는다. 그러니 갈등은 엄청난 충격을 줄 뿐만 아니라 문제를 더욱 복잡하고 해결하기 어렵게 만드는 폭탄과 같다. 이런 까다로운 상황을 잘 처리하려면 고도의 사교 기술뿐만 아니라 혼란스러운 상황에서도 침착함을 유지하고 다양한 스트레스를 견딜 수 있는 '담대함'이 필요하다. 이런 면에서 내성적인 사람은 불리하므로 관계 안에서 갈등이 생기면 마치 미적분을 풀어야 하는 학생처럼 학습된 무기력에 빠지기 쉽다.

불편한 감정을
숨기지 마라

내면의 소리

"너무 열 받아! 다시 걔랑 만나나 봐!"

출장 간 친구가 그곳에 사는 동창을 만나게 됐다. 저녁 식사를 하는데 동창이 다른 사람들 앞에서 그녀의 감정은 아랑곳 없이 농담이라며 그녀와 관련된 과거 이야기들을 하기 시작했다.

물론 대부분 창피하고 민망한 이야기들이었다. 그녀는 마음이 불편했지만 겉으로 표현하지 않았다. 왜냐하면 그녀의 머릿속에서 '화낼 필요 없어, 이런 일로 관계를 망치지 마.'라는 속삭임이 끊임없이 들려왔기 때문이다.

이 친구는 이것이 다른 사람과 교제할 때마다 나타나는 특징이라고 말했다. 다른 사람과 의견이 다르거나 이해관계가 충돌할 때 습관적으로 자신을 억누르고 다른 사람을 만족시키거나, 다른 사람이 그녀의 이익을 침해해도 개의치 않는 척하거나, 나쁜 소리가 들려도 못 들은 척하거나, 직접 도발하거나 괴롭혀도 참고 견디며 아무 일도 없었던 것처럼 행동하는 것이다.

이렇게 아무렇지 않은 척하는 방식이 바로 회피다. 그들은 타조처럼 자신의 눈을 가리고 다루기 어려운 사람이나 사건으로부터 의도적으로 벗어나 갈등을 피하면서 일종의 해방감을 얻는다.

예방적 비위 맞추기는
그만

다른 사람의 비위를 맞추는 데는 두 가지 유형이 있는데, 그중 하나는 '예방적 비위 맞추기'다. 두 사람 사이에 갈등이 발생할지는 이해관계의 충돌이나 생각의 차이 등 그들이 마주한 구체적인 문제에 달려 있다. 또 한편으로는 서로의 관계에 달려 있다. 낯선 사람들 사이에서는 "뭘 봐?", "어딜 봐?" 같은 매우 사소한 문제로 큰 갈등을 겪을 수 있는데, 그 이유는 그들 사이에 아무런 관계도 없고 특별한 감정적 기반이 부족하기 때문이다. 반면 좋은 친구들 사이에서는 관계가 좋기 때문에 아무리 농담을 하거나 장난을 쳐도 쉽게 화가 나거나 갈등이 발생하지 않는다.

내성적인 사람은 관계에 능숙하지 못하지만 다른 사람에게 예의를 갖추고, 도움이 필요할 때 거절하지 않으며, 쉽게 상처를 주지 않는다. 이것은 역시 자신과 관계를 이어 가는 사람들에게 '나는 당신에게 상처를 준 적이 없으므로 언젠가 우리 사이에 이해관계의 충돌이 발생했을 때, 당신도 나를 조금 이해해 주길 바란다'라는 것을 상기시킨다.

또 다른 하나는 '갈등이 생겼을 때 비위를 맞추는 것'이다. 실제로 갈등이 생겼을 때, 내가 옳든 다른 사람이 옳든, 나의 요구가 합리적이든 그렇지 않든, 그저 다른 사람의 생각과 일치하지 않으면 곧바로 항복하고 만다.

> **내면의 소리**
>
> ## "하지만, 나는 친구를 잃고 싶지 않아요…."
>
> 한 친구가 자신의 심정을 이렇게 묘사했다.
> "친구들과 지내다 보면 나는 항상 조심스럽고 습관적으로 다른 사람의 환심을 사려고 애를 쓰는 것 같아요. 말 한마디 할 때마다 다른 사람의 반응을 생각하고 혹시나 기분이 나쁘지 않을까 걱정해요. 때로는 다른 사람이 나에게 무례해도 화를 내지 못해요. 혹시라도 제가 화를 내거나 충동적으로 반응하면 이 관계가 깨질까 봐 두려워요."

이런 사람들이 빈번히 사용하는 말은 "미안해요"이다. "미안해요, 모두 제 잘못이에요." 이러한 '자기 부정, 타인을 위한 자기 포기' 방식으로 그들은 눈앞에 놓인 갈등을 즉시 해결하고 갈등이 깊어지는 것을 피하려고 한다.

간단히 말해서 내성적인 사람은 관계 안에서 갈등이 생기면 그 것을 피하거나 사태가 악화하는 것을 피하기 위해 발생 당시 폭발 가능한 '화약'을 최소화하려고 노력한다. 이것이 내성적인 사람이 자주 사용하는 갈등 대처 전략이다.

갈등은 언제나 있기 마련이다

비위만 맞추다 보면
돌아오는 것

흔히 회피를 부끄러운 일이라고 하나 실제로 그렇게 간단히 생각할 일은 아니다. 모든 행동과 처리 방식에는 언제나 나름대로 이유가 있다. 특히 이러한 반응이 일반적인 현상이라면 그 뒤에는 분명한 이유가 있다.

우리는 문제를 회피하는 것이 좋지 않으며 문제 해결에 도움이 되지 않는다는 것을 잘 알고 있다. 그러나 실제로 회피가 필요할 때도 있다. 예를 들어, 친한 친구와 사소한 일로 오해가 생겨서 차분하게 자초지종을 설명하려고 하는데, 그때 고객이 전화를 걸어 큰 프로젝트를 계약하겠다고 한다면 어떻게 해야 할까? 계약서에 사인하러 가야 할까? 아니면 오해를 해결하러 친구와의 대화를 이어가야 할까? 이 사례는 다소 극단적일 수 있지만, 그래도 실제 생활을 반영한 경우긴 하다.

아무리 잘해 줘도
갈등은 생길 수 있다

때로 문제를 해결할 능력이 없을 경우 일시적으로 회피나 타협이 필요하기도 하다. 그래서 삶은 복잡하며 우리는 이 복잡함을 깨달아야 한다. 물론 문제가 우리에게 딱 달라붙어 있어서 얼렁뚱땅 넘어가지 못할 때도 많다. 이런 경우에도 무조건 회피하면서 문제에 직면하려 하지 않으면 외적 갈등이 내재화되어 내적 갈등으로 자리 잡을 수 있다.

예를 들어, 누구에게나 친절하고 주변 사람들과 좋은 관계를 유지하길 원하는 사람은 다른 사람과의 갈등을 두려워한다. 누군가가 그들에게 부당한 요구를 하거나 노골적으로 이득을 취하려고 하면 그들은 관계를 끝까지 유지하기 위해 쉽게 거절하지 못하고, 대신 자신을 억누르는 방식으로 외부 갈등을 해소하려고 한다.

그러면 표면상으론 문제가 해결된 것처럼 보이지만 실제는 그렇지 않다. 그 일이 지나고 나서도 꽤 오래 내면에서 갈등이 일어나고 '나는 왜 이렇게 연약하지?', '왜 이렇게 소심한 거야?'라는 자책의 굴레에 빠지게 된다. 이런 생각에 휩싸이면 점차 '나는 안 돼', '나는 정말 형편없어'라며 자신을 부정적으로 평가하게 된다.

우리의 내면이 자기 비판적인 목소리로 가득 차면 누구든 점점 더 불행해지고 연약해질 것이다. 그래서 살다 보면 순수한 사람일수록 진짜 문제를 만났을 때 더욱 당황해하는 것을 볼 수 있다. 그들은 온실 속의 꽃처럼 현실의 거센 폭풍우를 견디지 못한다.

『사귐의 기술Reaching Out: Interpersonal Effectiveness and Self-Actualization』의 저자 데이비드 존슨David Johnson은 '인생에서 갈등을 제거하는 것은 지구의 자전을 멈추게 하는 것과 같다'라고 했다. 어떤 식으로든 갈등은 일어나게 되어 있다. 우리가 다른 사람에게 아무리 잘해 줘도 갈등은 피할 수 없다. 갈등은 여러 가지 통제할 수 없는 이유로 발생하기 때문이다.

갈등은 주로 양측이 모두 중요하게 여기는 것과 관련 있다. 예를 들어, 당신은 주말에 집에서 여유로운 시간을 보내는 것을 좋아하지만 배우자는 밖에 나가서 사람들과 어울리는 것을 좋아하며 집에 있는 것을 시간 낭비라고 생각한다. 이 경우 주말을 어떻게 보내야 할지를 두고 갈등이 발생할 수 있다. 이러한 갈등은 누가 옳고 그름의 문제가 아니라 서로가 중요하게 여기는 것이 다르다는 게 문제다.

갈등은 서로 다른 행동 습관으로 인해 상대방의 업무 처리 방식이 마음에 들지 않아서 발생할 수 있다. 가끔 우리는 상대방이 태만하거나 일을 잘 못해서가 아니라 업무 처리 방식이 마음에 들지 않아 화가 치민다. 일 처리가 빠르고 결단력 있는 사람은 일을 느긋하게 하는 사람을 보면 화가 날 수 있다. 즉, 이때 생기는 불만은 옳고 그름에 따른 것이 아니라 지극히 개인의 취향 때문이다.

같은 일이라도 다른 관점으로 보면 다른 해석이 나올 수 있는데, 이런 관점의 차이는 의사소통 중에도 쉽게 갈등을 일으킬 수 있다. 세상에 완전히 똑같은 사람은 없다. 성장 환경과 인생 경험, 나이 차이에 따라 두 사람이 문제를 바라보는 관점이 다를 수밖에 없다. 그런데 막상 이야기를 나누다 보면 상대방이 자신의 생각을 알고 있다는 '투명성 착각illusion of transparency'에 빠진다.

실제로 자신의 생각을 명확하게 말하지 않는 한 누구도 현재 자신의 속마음을 알아챌 사람은 없다. 두 사람 모두 자신의 생각에 빠져 있으면 의사소통이 이루어지는 것처럼 보여도 정작 상대방이 무슨 이야기를 하는지 전혀 알 수 없는 상황에 처한다. 당신은 A에 대해 말하는데 상대방은 B에 대해 말하거나, 당신은 구체적인 사건을 말하고 있는데 상대방은 원칙에 대해 말하는 식이다. 이런 상황에서 갈등을 피하기란 정말 어렵다.

비위 맞추기는
좋은 방법이 아니다

비위를 맞추면 다른 사람으로부터 인정과 포용을 얻을 수 있을까? 결코 그렇지 않다. 인간관계에서 다른 사람이 우리를 어떻게 평가하는지는 매우 복잡한 문제이다. 이것은 다양한 요인에 따라 달라지며 시간이 지남에 따라 충분히 바뀔 수 있다. 당신이 항상 다른 사람을 배려하고 도와준다면 상대방은 분명 당신을 좋게 생각할 것이다. 그렇다고 당신이 더 잘해 준다고 해서 당신에 대한 평가가 높아진다는 의미는 아니다.

사람은 어떤 상황에 적응하기 위한 심리적 적응기제가 있는데, 좌절과 고통을 당하든 만족과 기쁨을 얻든 장기적인 관점에서 우리는 결국 그 상황에 적응하게 마련이다. 이렇게 생각하면 부정적 감정에 덜 민감해지고 자신을 보호할 수 있다. 긍정적 감정에 대해서도 지나친 흥분을 낮추어 장기적으로 심리적 불균형 상태에 빠지지 않게 해 준다.

이러한 심리적 적응기제 때문에 우리가 누군가에게 어느 정도 잘해 주면 그 이상으로 해 줘도 상대의 평가가 크게 높아지지 않으리라는 것을 알 수 있다. 심지어 상대방이 선의에 익숙해지면 권리인 줄 알고 오히려 불편함과 원망을 불러일으킬 수도 있다. 다른 사람의 인정을 얻기 위해 비위를 맞추었으나 우리에게 돌아오는 것은 결국 호감이 아니라 경멸이나 짜증일 때가 더 많다.

화를 참는 것만이 능사는 아니다

화를 잘 표현하는 법

일이든 삶이든 사람들은 저마다 목표를 가지고 있다. 이 목표는 자신의 중요한 필요와 인생의 비전을 반영한다. 매일 크고 작은 갈등을 겪는데, 갈등으로 인한 부정적인 감정은 우리에게 쉽게 영향을 미친다. 이때 어떤 갈등은 즉시 해결하고 어떤 갈등은 잠시 미루어야 하는지, 또 어떤 갈등은 타협하고 양보해야 하는지, 어떤 갈등은 원칙을 고수하며 단호하게 밀고 나가야 하는지를 선택해야 한다. 이 선택의 근거와 기준이 바로 현재 삶의 목표다. 자신만의 목표가 있고 현재 가장 원하는 것이 무엇인지를 분명히 하면 문제가 생겼을 때 타협과 양보가 가치가 있다는 사실을 깨닫게 된다. 이로써 우리는 더 중요한 일에 집중할 수 있다.

갈등에 대처하는
중요한 도구

삶의 명확한 목표와 방향성을 갖추는 것이 갈등을 대처하는 중요한 도구가 될 수 있다. 어쨌든 우리는 갈등을 피하거나 다른 이의 기분을 맞춰 줄 수도 있다. 그러나 이것만이 유일한 선택지는 아니다. 성숙한 사람은 갈등이 얼마나 복잡한지 이해하기 때문에 그에 걸맞게 유연하게 대처한다. 그렇게 함으로써 우리는 갈등의 소용돌이에 빠지지 않고 갈등을 통제할 수 있게 된다.

화를 내는 것도 괜찮다. 내성적인 사람은 인간관계에서 순수함을 추구하는 이상주의적 경향이 있다. 그들은 순수하고 좋은 사람이 되고 싶은 마음에 사람들과 교제할 때 자신이 순수하고 다정하며 사랑스럽고 긍정적인 이미지로 보이기를 바란다. 그리고 자신의 진짜 모습, 특히 다른 사람들을 기분 나쁘게 할 수 있는 모습을 보여 주면 '나는 좋은 사람이다'라는 이미지에 금이 가고 캐릭터를 깨뜨릴 수 있다고 생각한다.

캐릭터가 훼손되는 것을 막기 위해 우리는 자신의 시간과 에너지, 심지어 이익까지 울며 겨자 먹기로 희생할 때가 많다. 예컨대 도움을 요청받았을 때 썩 내키지 않는데도 거절하지 못한다. 상대방을 기분 나쁘게 하고 싶지 않기 때문이다.

또 다른 예로, 이용당하거나 괴롭힘을 당하는데도 화를 내지 못하기도 한다. 물론 갈등이 격화되는 것이 두렵고 나중에 어떻게 수습해야 할지 몰라서일 수도 있지만, 다른 한편으로는 사람들 앞에서 화난 모습을 보이고 싶지 않고, 이러한 이미지가 다른 사람들을 불편하게 하고 그런 이미지로 고착될까 봐 걱정되기 때문이다.

그런데 화를 내면 사람들이 정말 싫어할까? 그렇지 않다. 2022년 카타르 월드컵에서 아르헨티나와 네덜란드 경기가 끝난 후, 평소 온화한 성격으로 알려진 메시가 인터뷰 중에 갑자기 옆에 있던 네덜란드 선수에게 화를 냈다. 경기 내내 상대 선수들이 다양한 방법으로 메시를 자극한 탓에 경기장은 온통 긴장감으로 가득 찼다. 이런 상황이다 보니 아무리 성격 좋기로 소문난 메시라고 해도 자기감정을 제어하지 못한 것이다.

일반적으로 사람이 공개적으로 자기 통제력을 상실하고 부적절한 언행을 하면 사람들에게 비난을 받거나 반감을 살 수 있다. 하지만 그날 메시의 행동으로 그에게 등을 돌리는 사람은 없었다. 대부분이 그에게 충분한 이해와 포용을 보여 주었다.

이 사례에서 볼 수 있듯이, 사람들은 완벽한 사람보다는 개성 있는 사람을 더 좋아한다. 그런 사람이 현실적이기 때문이다. 살면서 주변 사람들, 특히 성숙하고 어느 정도 성공을 이룬 사람들을 살펴보면 공통점을 발견할 수 있는데, 그들은 쉽게 다른 사람에게 해를 끼치지 않지만 맹목적으로 다른 사람을 따르지도 않는다. 다른 사람으로부터 피해를 입었을 때 과감하게 자신의 공격성을 보여 주고 경계를 지킬 줄 알아야 한다.

인간관계에서 내성적인 사람은 자신에게 상기시켜야 한다. 화를 내지 않을 수는 있지만 화를 낼 줄 모르면 안 된다. 자신의 공격성을 쉽게 버리면 안 된다. 그것은 당신이 생존할 수 있는 근본적인 무기다.

어떻게 갈등을
해결해야 할까?

다른 사람과의 갈등을 두려워하면 보통 우리 내면에서 '내가 상대방과 생각이 다르다고 기분 나빠 하거나 화를 내면 어떡하지?'라는 생각이 든다. 이러한 자기암시는 사람을 점점 더 유약하고 순종적으로 만든다. 변화를 원한다면 이러한 부정적인 내면의 소리를 '내가 말하지 않으면 상대방이 동의하는지 어떻게 알 수 있겠어? 어쩌면 결과는 내가 생각한 것만큼 나쁘지 않을 수도 있어, 한번 시도해 보자'라는 식의 긍정적 암시로 바꿔 보는 것도 괜찮다.

예민해서 미안해

내면의 소리를 바꾸고 자신에게 긍정적인 심리 암시를 하면 갈등이 발생했을 때도 자신의 생각을 더 담대하게 표현할 수 있고 자신의 정당한 이익을 더 용감하게 지킬 수 있다. 물론 생각만으로는 부족하다. 중요한 것은 용기를 내서 실천하는 것이다. 실제로 갈등이 발생했을 때 더 이상 피하거나 상대방의 기분을 맞추려고 애쓰지 말고 무슨 일이 일어날지 직시해야 한다.

막 사회생활을 시작했을 때, 나는 사람들 사이에서 갈등이 생기는 것을 무척 두려워했다. 협력 파트너 중에 카리스마 있는 사람이 있었는데, 더 많은 이익을 취하기 위해 과도한 요구를 서슴지 않았다. 평소에는 그와 좋은 관계를 유지하기 위해 대부분 양보하고 맞춰 줬다. 어느 날 다른 일로 기분이 안 좋은 상태에서 그에게 전화가 걸려왔다. 여느 때처럼 그는 매우 부당한 요구를 아무렇지 않게 했고, 나는 더는 참지 않고 단호하게 거절했다.

거절할 당시, 나는 매우 공격적인 태도로 모든 불만을 한 번에 드러냈지만 다른 한편으로는 거절한 이유를 명확하게 설명하여 상대방이 거절의 이유를 납득할 수 있도록 했다. 그에게 말하는 순간 우리 협력 관계가 깨질 수도 있다는 생각이 머리를 스쳤다. 그런데 내가 갑자기 화를 내고 단호한 태도로 나오자 오히려 상대방의 태도가 좋아지는 게 아닌가? 그 후 상대는 나의 질문에 친절히 설명해 주었고, 부당한 요구도 하지 않았다. 그 일이 있고 난 뒤에도 우리의 협력 관계는 흔들리지 않았다.

이러한 경험을 통해 나는 사람들 사이에 갈등이 있다고 해서 큰 문제가 생기지는 않으며 다른 생각을 과감하게 표현하고 자신의 이익을 지킨다고 해서 분란이 일어나지도 않고, 때로는 오히려 다른 사람들에게 더 많은 존중을 받을 수 있다는 사실을 깨달았다.

가장 중요한 것은 역시 직접 경험하고 체험하는 것이다. 실제로 그 일을 하는 과정에서 가능하다는 것을 발견하고 좋은 결과를 얻어야만 앞으로 더 적극적인 시도를 해 볼 수 있다.

갈등에 직면한다는 것의 첫 번째 의미는 '그 존재를 수용하는 것'이다. 이 세상은 너무나도 복잡하다. 사람, 관계, 감정 모두 말이다. 복잡하면 반드시 모순이 생기기 마련이고, 모순에는 갈등이 따라오며 갈등에는 고통이 따른다. 이것은 지극히 정상적인 일이다. 어떤 일을 수용하면 우리의 마음가짐이 훨씬 나아지고, 갈등의 존재와 발생으로 인해 결코 분노하지 않게 될 것이다. 이것이 바로 성숙이다.

두 번째 의미는 '외적인 갈등을 해결하는 것'이다. 모든 문제가 해결될 수는 없지만 해결책을 찾으려고 노력하면 조금은 해결할 수 있다. 갈등이 해결될 때마다 우리 마음도 더 많이 풀어질 것이고 더 많은 생명력이 깨어날 것이다. 이렇게 끊임없이 축적되는 에너지는 우리가 새로운 문제에 직면했을 때 사용할 수 있는 힘이 된다.

마지막으로 강조하고 싶은 것은 결국 문제는 완전히 해결될 수 없으므로 내면의 갈등도 영원히 존재할 거라는 사실이다. 하지만 이는 나쁜 일이 아니다. 고통스러운 환경에서도 즐거움을 찾는 것이 우리네 인생이기 때문이다. 이러한 어려움으로 인해 자신을 변화시키는 동기가 부여되고 그 결과 더 나은 자신을 만날 수 있다.

그냥 넘길까,
정면으로 부딪칠까?

내성적인 사람은 항상 화합을 중요시하며 불쾌한 일이 생겨도 참을 수 있으면 참아 넘기려고 한다. 이는 다른 사람과의 갈등이 두려워서이기도 하고, 다른 한편으로는 큰 소리로 다투거나 소란을 피워서 수준 낮은 사람으로 비치고 싶지 않기 때문이다. 그런데 문제는 그 일이 다 지나가고 나서야 심각한 내적 에너지 소모를 느끼고 자신이 얼마나 나약하고 자존감이 낮은 사람인지 깨닫게 된다는 것이다.

이런 문제에 어떻게 대처해야 할까? 계속해서 자신을 자제하며 '좋은 사람'이 될 것인가, 아니면 정면으로 돌파할 것인가?

자신을 억누르느냐, 갈등에 직면할 것이냐 사이에서 우리는 자주 고민한다. 하지만 진짜 문제는 어느 것이 좋고 나쁜가가 아니다. 이 두 방법 모두 저마다 가치가 있다. 자신을 자제하는 것이 더 교양 있는 대처일 때도 있고, 갈등을 직시하는 것이 더 용감할 때가 있다. 매우 중요한 일이나 중요한 사람을 만났을 때는 최대한 조심스럽게 인내심을 갖고 대응하면 큰 실수를 저지르거나 큰 손실을 피할 수 있다. 이런 경우에는 합리적이고 교양 있는 방식이 더 적합할 수 있다. 하지만 때로는 갈등에 직면하는 것이 더 적합한 경우도 있다. 예를 들어 상대방이 굉장히 공격적이고 비이성적으로 몰아세우거나 당신의 경계를 넘어서려고 할 때는 좀 더 강경하게 대응할 필요가 있다.

결과적으로 우리가 마주한 구체적인 갈등에 따라 그에 따른 해결책도 달라져야 한다. 문제는 모든 문제를 같은 방법으로 처리하는 데 익숙해져 있다는 것이다. 무조건 참기만 하면 자신을 억압하고 부정적인 감정이 쌓인다. 반면 거친 방법으로만 문제를 처리하면 인간관계가 깨지고 친밀도가 낮아진다. 이러한 부작용은 한두 번은 무시할 수 있지만 계속 쌓이면 상당히 큰 영향을 미칠 수 있다.

내성적인 사람은 대개 관계에서 화합을 중시하는데, 이는 일을 처리하는 방법으로는 매우 훌륭하며 '좋아요'를 받을 만하다. 다만, 모든 일을 그렇게 할 필요는 없다. 다른 사람이 정말 지나치게 행동하면 가끔은 공격성을 표현하고 화를 내도 괜찮다. 그렇다고 해서 당신이 불친절한 사람으로 전락하는 것은 아니니까. 당신을 좋아하는 사람들은 여전히 당신을 좋아할 것이다. 무엇보다 중요한 것은 이런 방식으로 문제를 해결하면서 내면의 감정을 해소하고 스트레스를 완화하는 것이다.

물론 행동으로 옮기는 게 쉽지만은 않다. 사람에게는 본능적으로 관성이 있기에 어쩌다 한 번이라도 평소와 다른 자신의 모습을 보여 주면 심리적 압박을 느낄 수 있다. 굳이 자신을 변화시키려고 강요할 필요는 없다. 그저 순리대로 따라가면 된다. 언젠가 더 이상 참을 수 없는 상황이 오면 화를 내거나 자신의 공격성을 표현해 보자. 그리고 무슨 일이 일어나는지 지켜보면 이 문제에 대해 더 진지하고 깊이 있는 이해를 할 수 있다.

우리 삶은 완벽하지 않고 우리 자신도 완벽하지 않다. 이것은 크게 문제가 되지 않는다. 우리가 살아가는 이유는 완벽하기 위해서가 아니라 진정한 자신으로 살아가기 위해서다.

6장

거절하고 싶은데
말은 못 하겠고

적절한 거절은 냉담한 것도
잘못된 것도 아니다.
어른의 세계를 살아가기 위한 필수 요소다.

자기 마비 상태에 빠지지 마라

친구를 선택할 때

한 행사에서 작가 무라카미 하루키가 90세의 클라리넷 연주자 키타무라 에이지Kitamura Eiji에게 물었다.

"건강을 유지하시는 비결이 뭔가요?"

키타무라 에이지가 대답했다.

"자기가 좋아하는 일을 하고, 싫어하는 사람과 어울리지 않는 겁니다."

무라카미 하루키가 미소를 지어 보였다.

"정말 좋은 방법이네요."

나는 이 대화를 정말 좋아하는데, 이 짧은 대화에서 인간관계의 정수精髓를 느낄 수 있다. 인간관계는 아무 데나 그물을 던져 무작정 많은 사람과 사귀는 것이 최고가 아니다. 오히려 관계 안에서 선별하는 능력, 즉 의식적으로 교제할 대상을 선택하는 능력이 필요하다.

싫어하는 사람과
어울리지 않는다

　외향적인 사람과 내성적인 사람은 선택 기준이 매우 다르다. 외향적인 사람은 교제의 양에 중점을 둔다. 그들은 다양한 사람들과 접촉하고 어울리며, 더 많은 친구를 사귀는 것이 좋다고 믿는다. 동시에 외향적인 사람은 자기 생각과 의지를 실현하기 위해 사교 활동에 참여하기 때문에 관계를 통제하고 조율하는 것을 좋아한다. 즉, 누구를 사귈지 선택할 때 그들은 매우 적극적이고 명확한 목적을 가지고 있다. 그들은 누구와 사귀어야 하고 누구와 사귀지 말아야 하는지 잘 알고 있다.

　내성적인 사람은 교제의 질에 더 중점을 둔다. 그들은 신뢰할 수 있는 소수의 친구와 오래도록 친밀한 관계를 유지하면서 깊게 사귀는 원칙을 따른다. 친밀한 사회적 교제를 하면서 그들은 누구와 교제해야 하는지 알고 있지만 자신의 '교제권'을 벗어나서 낯선 사람과 교제할 때 '자기마비' 상태에 빠지기 쉽다.

　'자기마비'란 혼자 있을 때는 자신이 무엇을 좋아하는지, 무엇을 원하는지, 무엇을 해야 하고 해서는 안 되는지를 매우 명확하게 알고 있지만, 다른 사람과 함께 있으면 마치 어디에 홀린 것처럼 다른 사람이 무슨 말을 하든 무슨 행동을 하든 괜찮다는 생각에 자신의 사고와 판단이 사라져서 다른 사람에게 순종할 수밖에 없는 상태를 의미한다.

이러한 특징이 가져오는 위험 중 하나는 만약 착하고 믿음직한 사람을 만나면 모든 일이 잘 풀리지만, 나쁜 사람이나 지나치게 바른 사람을 만나면 자신을 위험에 빠뜨릴 수 있다는 점이다.

내면의 소리

"가까워질수록 더 불편해진다."

내성적인 수영은 대학을 졸업하고 직장 생활을 시작했을 때, 매우 친절한 동료 언니를 만났다. 언니는 항상 수영을 잘 챙겨 주고 업무적으로 많은 도움을 주었다. 두 사람은 점점 친해졌고, 나중에는 같이 집을 얻어 살자는 제안을 받았다. 혼자 살 때보다 월세가 절약되고, 서로 챙겨 줄 수 있을 것 같아서 수영은 그 제안에 동의했다. 그런데 두 사람이 함께 살기 시작하면서 수영은 점점 불편해졌다.

동료 언니는 친절했지만 그 정도가 지나쳐서 수영이 무엇을 하든 매번 다가와 물어보기 일쑤였다. 가끔 친구와 전화 통화를 하고 있으면 귀를 쫑긋 세우고 통화 내용을 엿듣기도 했다. 그 후에는 수영을 쫓아다니면서 누구한테 전화가 왔는지, 무슨 사이인지 꼬치꼬치 캐물었다. 처음에는 인내심을 가지고 대답해 주다가 이런 일이 반복되자 수영은 자신이 마치 영화 〈트루먼 쇼〉의 주인공처럼 시시각각 누군가에게 감시당하는 듯한 느낌을 받아 매우 불쾌했다.

내성적인 사람에게는 'NO'라고 말하지 않는 나쁜 습관이 있다. 그래서 수영은 마음속으로 불편함을 느끼면서도 동료이자 룸메이트의 관계 때문에 직접적으로 표현하는 것을 주저했다. 결과적으로 수영은 참고 또 참으며 불편함을 감수하는 수밖에 없었다. 나중에 임대 계약이 만료되고 수영은 겨우 핑계를 찾아서 다른 집으로 이사를 갔다. 그 뒤로도 동료는 계속 함께 살지 않은 이유를 물어보기 시작했고 속마음을 말할 수 없었던 수영은 결국 직장을 그만두고 말았다. 그리고 나서야 동료에게서 완전히 벗어날 수 있었다.

일부 심리학자들은 내성적인 사람이 먼저 사람들과 접촉하는 경우는 거의 드물며, 대부분의 경우 다른 사람이 인사를 건넬 때까지 수동적으로 기다린다고 말한다. 이것이 내성적인 사람의 특징이다. 세상에는 많은 사람이 있지만 모든 이와 교제할 필요는 없다. 너무 이기적이거나 자기중심적이어서 교제할 가치가 없는 사람도 있고, 가치관이 다르거나 차이가 너무 커서 사귀기 힘든 사람도 있다. 그래서 심리학자들은 하나의 관점을 제시했다.

'소극적이어도 괜찮지만 교제할 사람은 선택해야 한다.'

다시 말해 우리는 교제할 때 누가 우리 세상에 들어오고 누가 들어오지 못하는지 의식적으로 선별하고 선택해야 한다. 누구와 교제해야 하는지는 매우 개인적인 문제이며, 누구든지 자기 내면의 진정한 필요에 따라 내면의 소리를 따를 수 있다. 당신이 감정적인 만족을 더 갈망한다면 따뜻하고 배려심 깊은 사람과 교제하면 되고, 개인적인 성장을 중요시하고 자신의 능력을 계속해서 향상하길 원한다면 더 진취적이고 동기를 부여해 줄 수 있는 사람과 교제하면 된다.

요컨대 먼저 자신이 원하는 것을 명확히 하고 관계에서 필요한 부분을 이해한 뒤 교제하고자 하는 사람을 적극적으로 선택하면 된다. 특히 인간관계에는 언제나 함정이 있어서 자칫 잘못 빠지면 끝없는 골칫거리로 남을 수 있다. 즉, 내성적인 사람에게는 교제를 조심해야 할 유형의 사람들이 있다.

소모적인 관계는
당신의 잘못이 크다

거리를 두어야 할 사람들

통제욕이 강한 사람을 조심해야 한다. 통제욕이 강한 사람의 전형적인 특징은 상대방에게 친절하고, 본인을 가장 친한 친구이자 자기 사람이라고 생각하게 한다는 것이다. 하지만 여기에는 '모든 일을 자신의 말대로 해야 한다'는 전제가 따른다.

통제욕이 강한 사람과 교제하면 처음에는 몹시 편안함을 느낀다. 그들은 대개 친절하고 매력적인 데다가 당신의 모든 필요를 충족시켜 주고 조건 없이 인정과 지지를 받을 수 있는 소속감을 선사한다. 그러나 오래 알고 지내다 보면 한 가지 문제가 생기는데, 이들과 함께 있으면 자기 생각을 가질 수 없다는 것이다. 대화를 하든 함께 일을 하든 그들의 생각과 뜻대로 이루어진 '세심한' 계획에 따라야 한다. 어떤 경우라도 그들의 말을 듣지 않고 당신 생각대로 행동한다면 그들은 크게 분노할 것이다.

자기다움을 보여 줄 수 있어야
좋은 관계다

통제욕이 강한 사람은 다른 사람의 생각을 결코 용납하지 않는다. 그들은 의도적이든 그렇지 않든 자신의 생각이나 의견이 다른 사람을 비하하고 다른 사람의 생각이 매우 유치하거나 미성숙하다고 여기며 오직 자신만이 유일하게 올바르다고 생각한다.

이러한 사람과 오랫동안 시간을 보내다 보면 둘 사이는 더 이상 평등하고 독립적인 관계가 아니라 의존적이고 통제받는 관계가 된다. 이런 관계가 지속되면 점점 숨이 차올라 질식할지도 모른다. 더는 자신을 위해 살지 못하고 상대방을 위해서 살면서 자아의식은 소멸되고 만다.

만약 당신이 매우 독립적이고 자신의 의지대로 살고 싶은 사람이라면 이런 유형의 사람과 적당한 거리를 유지해야 한다. 그들이 아무리 친절하고 좋은 사람이더라도 당신을 마음대로 할 수 있는 권한은 없다.

죄책감을 유발하는 사람 역시 거리를 둬야 한다. 사람은 완벽하지 않다. 그래서 우리는 살아가면서 항상 다른 사람에게 실수를 저질러 상대방에게 영향을 주거나 실망을 주곤 한다. 이런 순간에 우리는 죄책감을 느낀다.

심리학자 수잔 포워드Susan Forward는 우리 내면의 죄책감이 마치 감지센서와 같아서 타인(또는 외부)으로부터 신호를 받으면 우리 내면의 죄책감이 작동된다고 했다. 이 신호가 정확할 때, 즉 우리가 실제로 잘못했을 때 느끼는 죄책감은 정상이다. 하지만 신호가 부정확할 때, 실제로는 잘못한 것이 없음에도 불구하고 어떤 이유로 자신이 잘못했다고 느끼는 경우는 좀 다르다. 수잔은 이런 상황을 '거짓 죄책감'이라고 부른다.

어떤 사람들은 다른 사람과 교제할 때 상대방이 빚을 졌다고 느끼게 만들기 위해 다양한 방법으로 '거짓 죄책감'을 심어 둔다.

* "너만 아니었다면 이런 고생을 하지 않았을 거야!"
* "내가 지금 이렇게 힘든 건 다 너 때문이야!"

그들은 자신을 항상 희생하고 노력하는 사람으로 포장한다. 그 말의 뜻은 당신의 행복은 다른 사람의 고통 위에 세워진 것이며, 당신의 행복은 다른 사람의 희생 위에 세워진 것이라는 의미다. 모든 사람에게는 기본적으로 도덕성이 있어서 다른 사람에게 감정적으로 빚을 지고 싶어 하지 않는다. 그래서 이런 말을 들으면 자기도 모르게 죄책감을 느끼기 쉽다.

한번 죄책감을 느끼기 시작하면 그것을 만회하기 위해 무엇이든 하려고 하고 그들의 요구에 순종하게 된다. 최근 몇 년 동안 인터넷을 뜨겁게 달군 '가스라이팅gaslighting' 수법 중 하나가 바로 죄책감을 느끼게 만들어 상대방을 통제하는 것이다.

우리가 사람들을 만나면서 특히 죄책감을 느낄 때, 먼저 '잘못했다'고 서둘러 인정하기보다는 지금 느끼는 죄책감이 정말 자신의 잘못인지, 아니면 다른 숨겨진 이유가 있는지를 확인해야 한다. 일반적으로 어떤 사람과 함께 있을 때 자주 죄책감을 느끼는데 뚜렷한 잘못을 찾지 못한다면 당신이 가스라이팅을 당하고 있을 수도 있다.

다른 사람의 감정 쓰레기통이
되지 마라

불평은 누구나 할 수 있다. 그 자체는 문제가 되지 않는다. 하지만 불평이 습관이 되면 문제가 될 수 있다. 그룹 채팅방에서 이런 사람들을 종종 만난다. 그들은 자신이 마주한 문제나 고민을 채팅방에 자주 공유한다. 처음에는 좋은 의도로 그들을 위로하거나 문제를 해결하기 위한 조언을 해 줬는데 시간이 지나면서 그들이 실제로 문제를 해결하려는 것이 아니라 단지 불평하고 푸념하고 싶어 한다는 것을 알게 되었다.

그들이 계속해서 불평을 늘어놓는 이유는 자신을 반성하지 않고, 문제를 단순히 다른 사람에게 돌림으로써 모든 것이 다른 사람의 잘못이고 책임이라고 생각하기 때문이다. 불평하기를 좋아하는 사람 대부분은 다른 사람에게 피해를 끼치려는 주관적 의도는 없을지라도 무의식적으로 자신의 주변 사람들을 감정 쓰레기통으로 여기고 자신의 모든 부정적 감정을 쏟아 낸다.

감정은 전염성이 있기에 유머러스하고 재미있는 사람과 함께 있으면 긍정적이고 낙관적인 에너지를 느낄 수 있다. 반면에 불만이 가득한 사람과 함께 있으면 덩달아 초조하고 불안해진다. 특히 여성에게서 이런 현상이 많이 발견되는데, 가장 친한 친구가 남자친구와 싸우고 "남자는 다 속물"이라며 불평을 늘어놓으면 듣고 있던 친구도 같이 흥분해서 자신의 남자친구와 싸우는 일이 종종 있다.

어떤 의미에서 다른 사람으로부터 너무 많은 부정적인 에너지를 흡수하는 것도 일종의 심리적 중독이 될 수 있다. 내성적인 사람은 겉으로는 차갑지만 속은 따뜻하고 공감 능력이 강해 다른 사람의 어려움을 보면 도와주고 싶은 충동을 느낀다. 이들이 불평을 좋아하는 사람을 만나면 거절하기가 어려워 쉽게 빠져나오지 못하면

예민해서 미안해

서 그 사람의 감정 쓰레기통이 되고 결국 자신의 심리상태와 일상 생활에 부정적인 영향을 미치게 된다.

무한 신뢰가 당신을
망칠 수 있다

내 기준을 충족하는 사람만
신뢰하라

어울리지 않는 사람과 거리를 두고 싫어하는 사람과 교제하지 않는 것은 언뜻 간단하고 쉬워 보이지만 실제론 그렇지 않다. 내성적인 사람 가운데 일부는 상대방에게 문제가 있는 것을 알거나 이런 교제가 자신을 불편하게 한다는 것을 알면서도 벗어나지 못하는 경우가 많다. 그 이유는 우리 내면 깊은 곳에 숨겨진 핵심 신념이 올바른 결정을 내리는 것을 방해하기 때문이다.

내성적인 사람이 굳게 믿는 신념 중 하나가 '다른 사람을 신뢰해야 한다'라는 것이다. 인간관계에서 서로를 신뢰하는 일은 아름답다. 신뢰는 친밀한 관계를 촉진하고 사람과 사람 사이의 상호 이해와 인식을 높이는 중요한 수단이다.

그러나 일부 내성적인 사람들은 신뢰의 가치를 맹목적으로 높게 생각한다. 심리학자 앨버트 엘리스Albert Ellis는 '강박증'이라는 개념을 언급한 적이 있는데, 이는 많은 사람의 머릿속에 '반드시 해야 한다'는 비합리적 신념이 들어 있다는 의미다.

신뢰 강박증을
버려라

사람마다 타인에 대해 자신만의 생각과 이념을 가지고 있는데, 이 생각에 부합하면 옳은 것으로 간주되어 심지어 상처를 입을지라도 반드시 그렇게 해야 한다고 생각한다. 부합하지 않으면 틀린 것으로 생각해서 자신을 보호하기 위해 절대 하지 않는다.

많은 내성적인 사람은 순수하고 순진해서 '신뢰 강박증'에 걸리기 쉽다. 즉, 신뢰야말로 인간관계의 아름다운 특징이라고 믿기 때문에 그것은 옳은 일이고 언제나 그렇게 해야 한다고 생각한다. 그로 인해 상처받더라도 그것은 다른 사람의 잘못이지, 자신의 문제가 아니라고 생각한다. 그러나 다른 사람을 믿지 않으면 스스로 나쁜 사람처럼 느껴져 마음이 초조하고 불안해져 몹시 고통스러워한다.

내성적인 사람의 행동 방식은 자신이 옳다고 생각하는 일을 하는 것이다. 때로는 옳은 일이 실질적인 이익을 가져다주는지의 여부는 중요하지 않다. 그들은 다른 사람을 신뢰하는 것이 옳다고 느끼기 때문에 실망하더라도 끝까지 고수해야 한다고 생각한다.

도덕적 관점에서만 보면 흠잡을 데 없는 덕목이다. 그들은 단순하고 친절하며 존경받을 만하다. 그러나 현실적인 관점에서 보면 사람이 진짜 자신으로 살아내려면 단순함과 친절함만으로는 부족하다. 단순함과 친절함은 그저 이상적인 덕목으로 추구할 수는 있지만 객관적인 현실로 여겨지지는 않는다. 현실 세계는 복잡하고 이 세상 사람들 역시 복잡하기 때문에 우리가 외부 사람이나 사건을 접할 때도 이러한 복잡함을 충분히 의식해야 한다.

관계 안에서 우리가 다른 사람과 어떻게 지내는지는 당신이 상대방을 어떻게 보는지, 또 상대방이 당신을 어떻게 보는지에 달려 있다. 당신은 친절하지만 상대방이 이기적이거나 심지어 나쁜 사람이라면 당신의 친절함과 신뢰는 날카로운 검이 되어 당신을 향할 수 있다.

그래서 신뢰는 좋은 일이지만 우리가 사는 현실에서는 모든 순간에 모든 사람을 신뢰해야 한다는 일방적인 사고는 무척 위험하다. 이것은 단순하다기보다는 어리석음에 가깝다. 내성적인 사람은 인간관계에서 적용되는 자신만의 신뢰 기준을 설정해야 한다.

인간관계에는 매우 중요한 원칙이 하나 있다. 서로 특별한 혜택을 주고받을 수 있는 호혜互惠적 관계의 성립이다. 신뢰도 마찬가지다. 상대방이 자신을 신뢰하도록 하려면 상대가 자신을 신뢰할 만한 가치가 있는지를 입증하기 위해 일련의 행동을 취해야 한다. 마찬가지로, 상대방을 신뢰할 것인지는 상대방이 자신이 신뢰할 수 있는 사람임을 입증하기 위해 취하는 행동에 따라 결정할 수 있다.

즉, 상대방이 일정한 '조건'을 충족해야 당신은 신뢰할 수 있다. 무조건적인 신뢰란 있을 수 없다. 이렇게 해야만 평등하고 건강한 상호작용 관계를 구축할 수 있다. 신뢰는 좋은 덕목이고 우리는 그것을 소중히 여겨야 한다. 그렇다고 해서 다른 사람을 맹목적으로 신뢰하기보다는 잘 신뢰할 수 있는 지혜가 필요하다.

심리적 경계를
지켜라

자신만의 신뢰 기준을 세운 뒤에는 심리적 경계를 잘 지키는 것이 중요하다. 미국의 심리학자 어니스트 하트만Ernest Hartmann에 따르면 '심리적 경계'라는 개념은 인간과 인간 사이의 내면적인 자아 경계를 의미한다. 우리 각자에게는 보이지 않고 만질 수 없는 심리적 경계가 있으며, 이는 우리를 외부 세계와 구분 짓고 독립적인 개체로서 우리에게 필요한 심리적 공간과 자기 의지, 자기 책임 등을 유지하도록 한다.

심리치료사 네드라 글로버 타와브Nedra Glover Tawwab는 건강한 경계 의식이 우리가 인간관계에서 안전함과 편안함을 느끼는 데 큰 도움이 된다고 말한다. 이는 당신이 다른 사람의 삶에서 어떤 역할을 하게 될지, 또 다른 사람이 당신의 삶에서 어떤 역할을 하게 될지를 결정하는 데 중요한 역할을 한다.

내성적인 사람은 대체로 다른 사람의 사생활에 크게 관심이 없고 개입하지 않으며 다른 사람의 경계를 과도하게 침범하지 않는 경향이 있다. 하지만 친절하고 카리스마 넘치며 다른 사람을 잘 다루는 사람들 앞에서는 자신의 경계를 지키기 어려울 때가 있다.

내성적인 사람은 쉽게 다른 사람을 좋아하지 않지만, 마찬가지로 쉽게 거절하지도 않는다. 그들은 무의식적으로 '견딜 수 있는가'를 기준으로 관계를 평가한다. 불편한 부분이 있더라도 견딜 수 있다면 쉽게 관계를 끊거나 멀어지지 않는다. 내성적인 사람이 관계를 '차단'하기로 결정했다면 그것은 견디기 힘들 정도로 어쩔 수 없는 경우가 대부분이다.

이러한 수용은 종종 다른 사람이 당신의 경계를 무시하게 만든다. 동료가 자신의 일을 부탁할 때 거절하기 어려워하면, 사람들은 당신을 부탁을 잘 들어주는 사람으로 생각하게 된다. 이런 상황이 지속되면 결국 모두가 당신의 도움을 당연하게 여길 것이다. 인간관계에서 모든 과정은 서로 이해해 가는 과정일 뿐만 아니라, 개인의 경계를 서로 탐색하는 과정이기도 하다.

선을 넘는 사람은
명확하게 거절하라

우리가 다른 사람들과 교류하기 시작하면 불친절한 행동을 하거나 심지어 당신을 자극하는 말로 도발하는 사람이 있을 수 있다. 아마 이런 상황이 이해되지 않거나 어처구니없다고 느낄 수도 있다. 그러나 이런 이상한 행동 뒤에는 당신을 시험하려는 의도가 숨어 있다. 어떤 사람은 이상한 말이나 행동으로 당신의 한계와 심리적 경계를 시험한다.

만약 당신이 거절하지 않거나, 또는 말로는 거절했지만 행동으로는 묵인하거나 심지어 받아들였다면 상대방은 당신을 존중할 필요가 없고, 괴롭힐 수 있다고 생각할 것이다. 그러므로 다른 사람이 당신에게 함부로 하지 못하게 하려면 처음부터 상대방을 거절해야 한다. 말뿐만이 아니라, 행동으로도 거절 의사를 명확하게 밝혀야 한다. 다시 말해서 당신이 어떤 일을 하고 싶지 않거나, 어떤 사람과 어울리고 싶지 않다면 직접적인 거절이 가장 좋은 방법이다.

적절한 거절은 냉정하고 잘못된 것이 아니라 거친 어른의 세계를 살아가기 위한 필수 요소다. 이 세상은 좋고 친절한 면만 있는 것이 아니라, 잔혹하고 강자가 약자를 지배하는 면도 있다. 자신의 경계를 인식하지 못하고 거절할 줄 모르는 사람은 착한 사람에게는 좋은 인상과 평가를 받을 수 있지만, 이기적이고 잔인한 사람에게는 '이 사람은 약하니 괴롭혀도 된다'는 공격에 대한 허락을 받는 꼴이다.

현실에서 쉽게 타협하고 계속 양보하는 사람일수록 나쁜 사람들에게 이용당하기 쉽다. 그러므로 사회에서 살아남기 위해서는 '아니요'라고 말할 수 있는 용기와 개인의 경계를 지키는 능력이 필요하며, 이는 결정적인 순간에 당신이 부당한 피해를 입지 않도록 보호할 것이다.

두 사람이 함께 있을 때 중요성이 낮고 타협 가능한 일은 무엇인지, 반대로 중대하고 자신의 의지가 반영되어야 하는 일은 무엇인지 진지하게 고민해 볼 필요가 있다. 이것을 명확히 한 뒤에는 반복적인 대화와 교류를 통해 상대방에게 자신의 생각과 의지를 이해시키고 자신의 경계와 한계를 유지할 수 있다.

상대방이 당신의 입장을 이해하고 일정 부분 양보와 타협을 할 수 있다면, 이는 관계에서 자신의 공간과 자유를 확보할 수 있다는 반증이며 이 관계는 아직 회복 가능성이 남아 있다는 것을 의미한다. 그러나 자기 생각만 고집한다면 상대방은 반성을 거부할 뿐만 아니라 분노나 비난 등을 통해 당신의 생각을 바꾸도록 강요할 것이며 당신의 개인적인 생각과 의지를 완전히 무시할 것이다. 그렇다면 관계를 멀리하는 것이 현명한 대응법일 수 있다.

상황별 맞춤 솔루션

상황 1:
거절하는 기술

1. 돈을 빌려달라는 요청을 바로 거절하기 어려울 때 '주객 전도법'을 적극적으로 시도해 보자.

거절 화법 "나도 정말 도와주고 싶은데, 최근에 재정 상태 가 여유롭지 않아서 빠듯하네. 사실 나도 너한테 돈을 빌려 달라고 하려던 참이었어."

2. 적당히 겸손하게 자신의 능력 부족을 드러내자.

거절 화법 "나는 이거 정말 못해!" / "안 되면 ○○한테 물어 봐. 정말 미안한데, 난 이거 못 할 것 같아!"

3. 상대방이 당신의 죄책감을 이용해 달라붙지 못하도록 이유를 장황하게 설명하지 않는다.

거절 화법 "나 지금 바빠서… 이번엔 도와주기가 힘들 것 같아. 미안해!"

4. 반응 속도가 느리다면 답변을 조금 미루자. 그래야 스스로 반응하고 생각할 시간을 충분히 가질 수 있고, 여유롭게 거절할 수 있다.

거절 화법 "지금 좀 바쁘니까 나중에 말해 줄게!" / "생각 좀 해 보고 나중에 얘기하자."

5. 거절이 서툴다면 명확하게 거절하지 않아도 된다. 먼저 상대방의 요청을 긍정한 다음 우회적으로 거절하는 방식을 선택하자.

거절 화법 "가르쳐 줄 수는 있는데, 지금 좀 바빠서… 오후에 바쁜 거 끝나고 도와줄게(상대방이 급하면 다른 사람을 찾아갈 것이다)."

상황 2:
싫어하는 사람과
지내는 방법

이 세상은 복잡하다. 아무리 피하려고 애써도 싫어하는 사람은 늘 만나게 되는 법이다. 게다가 피하고 싶어도 피할수 없는 사람들도 있기 때문에 싫어하는 사람과 지내는 법을 배우면 도움이 된다. 여기 세 가지 방법을 살펴보자.

1. '나쁜 사람' 되기

만약 누군가에게 괴롭힘을 당하고 있다면 최선의 대응 방법은 무엇일까? 이성적으로 대화를 해야 할까? 아니다. 이성적인 대화는 착한 사람과 착한 사람, 또는 정상적인 사람과 정상적인 사람 사이에서만 가능한 의사소통 방식이다. 상대방이 말도 통하지 않고 다른 사람을 통제하려고 든다면, 당신의 아주 작은 나약함도 그에게는 '이 사람은 괴롭혀

예민해서 미안해

도 되겠다'는 신호가 될 수 있다.

이런 상황에서는 너무 이성적으로 대응하지 말고 내면의 소리에 귀를 기울여야 한다. 그리고 반격해야 할 때가 오면 적극적으로 반격해야 한다. 사람은 누구나 나쁜 면이 있기 때문에 상대방이 나쁜 면을 보이며 당신을 괴롭히면 당신도 '눈에는 눈, 이에는 이' 식으로 나쁜 면을 보여 주며 반격하면 된다. 이렇게 해야 상대방을 빨리 진정시키고 이성적인 대화를 시작할 수 있다. 평소 당신이 성격 좋고 화를 잘 내지 않는 사람이라면 아래의 방법으로 대처하는 것이 좋다. 방법은 아주 간단하다.

* 큰 목소리로 말해라. 특히 상대방보다 크게 말해야 한다.
* 최대한 못생겨 보이는 얼굴로 상대방을 대하라. 못생겨 보일 수록 좋다.
* '나 건드리지 마라. 나도 화나면 무섭다'라는 강경한 태도를 취해라.

별것 아닌 것 같지만 막상 해 보면 온몸에 힘이 들어가는 느낌을 받을 것이다. 그러면 어떤 사람들이 항상 싸우는지 그 이유도 이해할 수 있을 것이다. 일단 싸워서 이기면 스트레스가 해소되고 기분이 좋기 때문이다.

그러나 원래 성격이 급하고 충동적인 사람이라면 신중할 필요가 있다. 연약한 사람의 분노는 강력한 힘이 되어 자신에게 용기를 주지만, 성급한 사람의 분노는 폭탄이 되어 자신을 포함한 전 세상을 파괴할 수 있다.

2. 몸과 마음 분리하기

앞서 이야기한 것처럼 강하게 대응하지 못하는 상황이나 사람이 있을 수 있다. 상사가 이유 없이 화를 낸다거나, 친척들이 사사건건 사생활을 캐묻는 경우가 그렇다. 이런 상황에서 나쁜 사람이 되는 것은 그다지 좋은 방법이 아니다. 어쨌든 쉽게 끊어낼 수 있는 관계는 아니기 때문에 순간적인 감정에 휩쓸려 해결하기에는 무리가 있다. 그런데 이성적인 대화도 적합하지 않다. 당신이나 상대방 모두 저마다의 논리가 있기 때문에 이런 상황에서 논리 자체의 탄탄함보다 다른 요소가 작용할 가능성이 크다.

   * 직위: 상사 + 논리 〉 직원 + 논리

   * 촌수: 윗사람 + 논리 〉 아랫사람 + 논리

예민해서 미안해

이때 상대방이 가끔 짜증나게 한다고 느껴지면 마음속으로만 불평하고 표현하지 않는 것이 좋다. 또한, 상대방이 당신에게 '정신적인 폭력'을 행사하고 끊임없이 잔소리를 늘어놓을 때, 손오공처럼 자신의 육체와 영혼을 분리할 수 있다. 당신은 아름다운 해변에 있고 주변은 치유의 파도 소리와 갈매기의 울음소리로 가득한 상상을 할 수 있다. 이전에 겪었던 재미있는 일들을 떠올리며 좋은 시간을 추억해 볼 수도 있다.

현실에서 건디기 힘든 시간을 정신적으로 힘들지 않게 만들어서 싫어하는 사람이 당신에게 주는 상처를 최소화한다.

3. 자신을 단련하는 동력이라 생각하기

다른 사람과 잘 지내지 못하는 사람을 만나면 사람에 따라 나타나는 반응이 매우 다양하다. 깊은 상처를 받았다고 느끼는 사람은 그 슬픔과 무력감에서 장기간 빠져나오지 못한다. 반면에 별일 아니라고 무심하게 여기는 사람은 마치 여름에 모기에 물린 것처럼 쓱 긁고 그냥 잊어버린다. 이러한 반응의 차이는 우리 내면이 얼마나 단단한가에 달려 있다. 내면이 강한 사람에게 있는 두 가지 특징을 살펴보자.

첫째, 자신을 믿는다. 정확히 말하자면 자신이 그렇게 쉽게 상처받지 않는다고 믿는다. 그들이 보기에 주변 사람이 아무리 싫어도 그건 그 사람의 문제이며, 자신에게 실질적인 영향을 주지 않는다. 자신은 성숙하게 대처할 수 있는 사람이기 때문에 싫으면 싫은 거고, 함께 지내기 어려우면 어려운 것이다. 어차피 이것은 세상에서 없어서는 안 될 부분이니, 나는 나 자신의 일만 잘하면 된다는 마음가짐을 갖고 있다. 이런 마음가짐을 가진 사람들은 마치 내면에 보호막이 하나 더 있는 것처럼 비눗방울처럼 쉽게 터지지 않고 모든 사람을 담담하게 대할 수 있다.

둘째, 상황의 이면을 볼 줄 안다. 어떤 경우에는 우리가 당하는 괴롭힘이 완전히 의미가 없는 것이 아니다. 인생이라는 것이 끝없는 고통의 여정임을 일러 주는 말처럼, 어떤 이들의 존재는 우리에게 삶의 소중한 아름다움을 일깨워 주고, 또 다른 이들은 우리의 내적인 인내심을 시험하고 단련시키는 역할을 한다. 이러한 시련을 거치면, 우리는 한층 더 너그러운 마음과 탁월한 통찰력을 갖게 되며, 바로 이러한 점이 우리를 불편하게 만드는 일부 사람들과 사건들이 가진 숨은 의미다. 이와 같은 깊은 통찰만이 우리를 괴롭히는 감정을 내면의 성장 동력으로 바꿔놓을 수 있다.

7장

어떤 사람도
완벽하지 않다

내성적인 사람은 어쩌면 사람들 사이에서
눈에 띄지 않을 수 있지만
가장 신뢰할 수 있고 거부하기 힘든 사람이다.

좋아할수록 다가가지
못하는 사람들

내 감정보다 네 감정이 더 중요해

누군가를 좋아하면 어떻게 해야 할까? 외향적인 사람은 감정에 솔직한 편이라 좋아하는 사람이 있으면 적극적으로 나서서 마음을 표현한다. 그들은 우연을 가장한 만남으로 상대방의 시선을 사로잡고 만남을 이어 가거나, 아예 적극적으로 마음을 표현하며 접근한다.

이와 정반대로 내성적인 사람은 좋아하는 사람일수록 그 사람 근처에 가는 것을 두려워한다. 나와 친한 대학 동기가 같은 과 여학생을 좋아하게 되었다. 하지만 그는 수업 시간에 몰래 쳐다보는 것이 전부였고 감히 먼저 다가가지 못했다. 가끔 길에서 마주치거나 도서관 계단에서 만나도 너무 긴장한 나머지 말을 제대로 잇지 못해 서둘러 미소만 지어 보이고 도망치듯 자리를 벗어나곤 했다. 결국 4년이란 시간이 흘렀지만 그녀는 내 친구의 이름조차 제대로 기억하지 못했다.

많은 내성적인 사람의 전형적인 특징 중 하나가 자신의 감정을 감추고 진심을 드러내지 않는 것이다. 누군가를 좋아해도 좋아한 다고 선뜻 말하지 않는다. 누군가를 좋아하지 않아도 싫다고 말하 지 않는다. 바다 속의 조용한 물결처럼 모든 면에서 조용하고 차분 하다. 내면에서는 격렬한 파도가 요동칠지 몰라도 표면은 잔잔한 평온 그 자체다.

이런 사람들은 몸과 마음이 찢어지고 분리된 경우가 많다. 그들 의 마음에서 갈망할수록 몸으로는 더욱 저항한다.

* 마음 너무 보고 싶어!
* 신체 안 돼!
* 마음 난 이 사람이 정말 좋아.
* 신체 그 마음을 절대 드러내선 안 돼.

결국 그들의 몸은 마법에 봉인된 듯 내면의 충동을 꼭꼭 감추고 있다. 그러다 보니 관계에서 아주 독특한 현상이 나타나는데, 누군 가를 진심으로 좋아해도 그 사람에게 가까이 다가가지 못한다는 점이다. 다가가기는커녕 오히려 도망치고 만다.

예민해서 미안해

나보다는 상대가 나를
어떻게 생각하는지가 중요하다

외향적인 사람과 내성적인 사람이 좋아하는 사람 앞에서 이토록 큰 차이를 보이는 이유는 무엇일까? 근본적으로 그들의 감정 속 자아 상태가 다르기 때문이다. 외향적인 사람은 더 자기중심적이다. 그들이 "나는 당신을 좋아합니다"라고 말할 때는 무의식적으로 '나는 당신을 좋아한다 > 당신은 나를 좋아한다'는 수식이 성립된다.

비록 상대방이 자신을 좋아하기를 간절히 바라지만 그보다 더 중요한 것은 자신이 상대방을 좋아한다는 사실이다. 상대방의 감정보다 자신의 감정을 더 중요하게 생각한다. 그래서 거절당하더라도 상대방을 좋아하는 마음이 여전히 남아 있다면 포기하지 않고 계속해서 마음을 지켜갈 것이다.

이 수식을 더 깊게 파고 들어가 보면 '나 > 너'에까지 이른다. '나는 너보다 중요하다'는 미묘한 심리적 우위 때문에 그들은 다른 사람 앞에서 자신의 감정을 거리낌 없이 드러낼 수 있다. 반면에 내성적인 사람은 나보다 '너'를 더 중요하게 여긴다. 많은 고민 끝에 마침내 떨리는 목소리로 "나는 너를 좋아해"라고 말할 때는 역시 무의식적으로 '당신은 나를 좋아한다 > 나는 당신을 좋아한다'라는 수식이 성립한다.

내성적인 사람들은 '내 감정보다 당신이 나에 대해 어떻게 생각하는지가 더 중요해. 당신이 나를 좋아하지 않는다면 내가 느끼는 감정은 너무도 헛되고 의미 없다.'라고 생각한다. 이 수식을 더 깊게 파고 들어가 보면 '너 > 나'에 이르게 된다. '당신은 나보다 중요해. 그래서 당신이 나를 거부하거나 부정한다면 그건 나에게는 재앙이나 마찬가지야. 어쩌면 이 사실을 견딜 수 없을지도 몰라.'

　어떤 내성적인 사람은 자신의 감정을 "거절당하고 미움받을 수도 있다는 생각을 하면 걱정돼서 가까이 다가가지도 못하겠어. 너무 무서워."라고 표현하기도 했다. 결국 아무도 사랑을 거부하지 않지만 좋아하는 사람이 자신을 조금도 좋아하지 않을까 봐 정말로 두려워한다. 그래서 내성적인 사람은 상대방이 자신을 좋아한다는 100% 확신이 없으면 자신의 마음을 표현하기 어려워한다.

　　　　　　　　　예민해서 미안해

사랑할 때 장밋빛 안경을 쓴다

모든 사람에게는
크고 작은 결점이 있다

미국의 심리학자 로버트 블레이크^{Robert Blake}는
"사랑은 우리를 갈망하게도 하지만 두려워하게도 한다."라고 말했
다. 이런 모순과 갈등은 특히 내성적인 사람에게 해당하는데, 그 이
유는 연애 초기 단계에서 나타나는 두 가지 심리적 경향 때문이다.

좋아하는 사람을 만나면 내성적인 사람은 상대방이 완벽하다고
믿어서 감히 가닿을 수 없는 신과 같은 존재라고 상상한다. 심리학
에서는 이러한 현상을 '긍정적 착각^{positive illusion}'이라고 부른다. 심
리학자 로랜드 밀러^{Rowland S. Miller}는 '긍정적 착각'이란 자신이 좋
아하는 사람에 대해 친절하고 관대한 인식을 구축하는 것으로, 그
들의 장점을 강조하고 결점을 축소하는 것이다. 이런 착각에 빠진
사람은 '장밋빛 안경'을 쓴 것처럼 상대방의 좋고 빛나는 면만 볼 수
있을 뿐, 나쁜 면이나 결점은 보지 못한다.

긍정적 착각의 영향으로 우리 머릿속에는 이상적인 배우자의 이미지가 형성된다. 이 배우자는 우리가 사랑에 대해 품는 다양한 소망과 상상, 예컨대 외모와 성격, 인간관계, 재능에 대한 상상 등을 반영한다. 우리는 이러한 상상을 좋아하는 사람에게 투영해 마치 그 사람이 진짜 그런 것처럼 느끼며 그 사람이 자신이 바라는 모든 면을 갖추고 있다고 여긴다. 사랑에 빠질수록 우리의 눈은 점점 멀어 간다. 왜냐하면 우리가 사랑하는 대상은 실제 그 사람이 아니라, 원하는 대로 빚어낸 '미화된 사람'이기 때문이다. 일단 '미화'의 효과가 떨어지면 사랑은 쉽게 무너지고 만다.

"나는 너무 부족해"

우리가 상대방을 지나치게 완벽하게 생각하면, 심지어 '신'처럼 우러러보고 숭배하면 무의식적으로 자신을 비하하고 부정하게 된다. 중국의 소설가 장아이링張愛玲은 연애 중 자신의 상태를 '그 사람 앞에만 서면 나는 매우 작아지고 작아져 먼지 속으로 사라진다'라며 생생하게 표현하기도 했다. 내성적인 사람도 마찬가지다. 좋아하는 사람을 보면 늘 빛이 나는 것 같지만 자신을 보면 언제나 만족스럽지 못하다.

——————— 예민해서 미안해

"저는 제 자신이 너무 눈에 띄지 않는다고 생각해요. 다른 사람들이 저보다 훨씬 나아요."

한 대학원생과의 상담 사례다. 그녀는 성적이 뛰어나 대학원 시험을 면제받고 바로 석사 과정에 진학했다. 주변 사람들은 그녀가 매우 우수하다고 평가했지만, 정작 그녀 자신은 그렇게 생각하지 않았다. 그녀는 내성적인 성격과 외모에 대해 불만이 많았다. 특히 피부가 하얗지도 않은데 화장하는 방법도 몰라서 더욱 자신감이 떨어졌다. 사실 그녀는 평균 이상으로 예쁘게 생겼으며 남자친구 역시 항상 그녀에게 아름답다고 말해 주었다. 하지만 그녀는 그런 말들이 단지 자신을 위로하기 위한 말이라 여겼다. 가끔 세수를 하다가 거울에 비친 자신을 보면 꽤 괜찮아 보인다 생각해 설렐 때도 있었지만 다른 여학생들과 비교하며 언제나 자신이 초라하다고 생각했다. 결국 이렇게 반복되는 자기 부정으로 인해 그녀는 감정적으로 무너졌고 아름다운 연애를 제대로 즐기지 못했다.

충분히 괜찮은데도 항상 부족하다고 느끼고, 자신이 나쁘지 않은데도 나쁘다고 생각하는 이런 대조적인 자아 인지를 심리학에서 '가면 증후군 Impostor syndrome', 즉 '자기 능력 부정 경향'이라고 알려져 있다. 이는 자신의 성공이 능력이나 노력 때문이 아니라 순전히 운이나 다른 사람을 속인 결과라고 생각하면서 불안해하는 심리적 상태를 말한다. 그래서 그들은 항상 다른 사람들이 '진짜' 자신의 모습을 알면 실망할 것이고 더 이상 자신을 좋아하지 않을 거라는 걱정에 빠져 있다.

많은 내성적인 사람은 연애를 하면서 이런 가면 증후군으로 고통받는다. 그들은 자신이 충분히 좋은 사람이 아니라고 고집을 피우거나 '좋은 나'는 단지 일시적이고 순간적인 반면 '나쁜 나'는 영원하다고 느낀다. 그 결과 사랑을 하면 할수록 자존감이 낮아지고 불안함이 커진다.

위의 두 가지 경향을 바꾸는 건 쉬운 일이 아니지만 다음과 같은 시도는 해 볼 수 있다. 우선 좋아하는 사람을 너무 높게 평가하지 말아야 한다. 우리가 상대방을 모든 면에서 좋게 느끼는 것은 그 사람과의 접촉이 적고, 모든 면을 잘 모르기 때문이다. 이 제한된 접촉에서 긍정적 착각을 하게 되면 상대방의 좋은 면에만 주목하기 때문에 상대방이 언제나 자신보다 우수하다고 느끼게 된다. 이러한 환상은 현실이지만 사실은 아니다.

사람과 사람 사이의 차이는 실제로 매우 작다. 만약 당신이 완벽하지 않다면, 당신이 좋아하는 그 사람 역시 완벽하지 않다는 점을 명심해야 한다. 상대방도 좋지만, 당신도 나쁘지 않다. 이 관계는 감정적으로 평등한 관계여야 한다. 그러므로 당신은 상대방을 너무 우러러볼 필요가 없다.

물론 이론적으로는 이해가 쉽지만 현실에서 실제로 실천하기는 어렵다. 이상적인 관점에서 벗어나려면 용감하게 한 발짝 더 다가가서 상대방과 많은 접촉을 시도하는 것이 관건이다. 접촉이 많아질수록 이전에는 쉽게 발견하지 못했던 몇 가지 세부 사항을 발견할 수 있다.

* 상대방의 진짜 모습은 어떤가?
* 상대방은 어떤 생활 습관을 가지고 있는가?
* 당신을 불안하게 하는 요소가 있는가?

누군가와 가까워질수록 그 사람의 구체적이고 실제적인 모습을 잘 볼 수 있다. 이때 우리는 그 사람도 나처럼 장점도 있고 단점도 있는 평범한 사람이라는 사실을 알게 된다. 이런 경험이 많아지면 이성을 대할 때 '신화적 사고'에서 '평범한 사고'로 전환되고, 그 결과 평정심을 가지고 진정한 감정 생활을 할 수 있다.

완벽하지 않아도
아름답다

일단 진실을 마주하면 우리는 전에 없던 홀가분함을 느낄 수 있다. 상대방이 완벽하기를 기대하지 않으면 무의식적으로 자신에게 완벽함을 더 이상 요구하지 않는다. 다시 말해서 상대방이 진짜 모습을 보여 줄 수 있도록 허락하는 것은 자신의 진짜 모습을 보여 줄 수 있도록 허락하는 것과 같다. 이런 친밀한 관계야말로 진정한 생명력과 활력을 제공한다.

완벽하지 않아도 아름답다. 많은 내성적인 사람의 내면에는 '비판적 자아'가 있다. 다른 사람에게는 관대하고 어떻든 괜찮지만 자신에게는 매우 엄격하고 부족함을 받아들이지 못한다.

* 나는 말이 별로 없는데, 누가 나 같은 사람을 좋아하겠어?
* 이렇게 몸매가 형편없는데 남들이 보면 당연히 싫어할 거야.
* 유머감각이 없어서 같이 있으면 분명 지루할 거야!

이렇게 생각하는 것은 사실 서로가 느끼는 매력에 대한 오해이다. 관계 안에서 당신이 더 완벽하다고 사람들이 당신을 더 좋아하는 것이 아니다. 때로는 단점이 있어서 당신을 더 편하게 받아들이

——————— 예민해서 미안해

기도 한다.

왜 그럴까? 현실적이라고 생각하기 때문이다. 사람과 사람 사이의 매력은 여러 요소에 따라 달라지며 그중 하나는 유사성이다. 이유사성에는 여러 측면이 있다. 처음 만난 사람이 같은 고향 출신이라면 쉽게 호감을 느낀다. 또 어떤 생각을 말했을 때, 그가 "나도 그렇게 생각해"라고 맞장구친다면 이러한 생각의 일치도 서로에 대한 호감을 높여 줄 것이다. 그러면 당신은 그가 자기 사람이라고 느낄 것이다.

마찬가지로 자신도 완벽하지 않고 여러 결점이 있다는 것을 알고 나면 상대방도 자신처럼 장점과 단점이 공존하는 사람이라는 것을 알게 된다. 이러한 인간 본성의 일치 역시 서로에 대한 호감을 높여준다. 그리고 상대방이 자기 사람이라고 느낀다. 반대로, 상대방이 완벽하게 행동하고 어떠한 흠도 찾을 수 없다면 오히려 불안함을 느끼고 자신도 모르게 그와 일정한 거리를 두고 싶어질 것이다.

그러므로 진정으로 삶을 아는 사람은 다른 사람들과 교류할 때 자신을 너무 완벽하게 드러내지 않는다. 심지어 의도적으로 자신의 작은 결점을 드러내기도 한다. 이는 자신에게 불리한 것처럼 보이지만, 실제로는 '우리는 같은 편'이라는 메시지를 상대방의 잠재의식에 전달하고 천천히 서로의 심리적 거리를 좁혀 가는 행동이다.

영화 〈굿 윌 헌팅Good Will Hunting〉에서 말한 것처럼 모든 사람은 완벽하지 않으며 우리 모두는 크고 작은 결점을 가지고 있다. 사람들은 그것이 나쁜 것이라고 생각하지만, 사실 그 결점을 통해 자신의 세상에 누구를 들일지 결정할 수 있기 때문에 정말 좋은 것이다. 이 점을 이해해야만 우리는 자신과 화해하고 자신의 부족함과 불완전함을 받아들일 수 있다. 그러면 당신은 불완전함도 아름답다는 사실을 알게 될 것이다.

당신은 생각보다 더 매력적이다

느려서 더 진실하게 느껴지는
내성적인 사람

대부분의 내성적인 사람은 항상 자신이 매력적이지 않다고 생각한다. "이렇게 내성적인 사람을 누가 좋아하겠어?"라는 말을 입에 달고 산다. 이런 생각을 하는 이유는 주로 '첫눈에'의 좌절감에서 비롯된다. 어떤 사람들은 단 한 번에 사람들을 사로잡기도 하는데, 그런 사람들에게는 보통 이러한 특징이 있다.

* 열정 처음 만났을 때부터 가족처럼 따뜻하게 대해 주는 사람에게 감동하지 않을 수 없다.
* 웃음 잘 웃는 사람에게는 행복한 에너지가 있어서 보기만 해도 편안함을 느낀다.
* 재능 노래든 춤이든 재능이 있는 사람은 항상 눈에 띄기 마련이다.

이러한 특징에는 한 가지 공통점이 있는데, 적극적으로 자신을 드러내야 한다는 것이다. 외향적인 사람에게는 쉬운 일일 수 있지만, 차분한 내성적인 사람에게 자신을 적극적으로 드러낸다는 것은 여간 어려운 일이 아니다. 이런 어려움 때문에 내성적인 사람은 자존감이 낮아져서 자신이 매력적이지 않고 별로라고 느끼는 경향이 있다. 하지만 이것은 대단한 오해다.

낯선 사람에게
쉽게 사랑받지 못할 뿐

누군가를 좋아하는 것은 매우 복잡한 일이다. 좋아하는 과정 자체에도 여러 가지 유형이 있다. 좋아하는 감정을 빠르고 쉽게 느끼는 사람이 있다. 달콤한 말 한 마디나 작은 선물 하나, 혹은 우연한 사소한 행동으로도 우리는 누군가를 좋아하게 되고 마음이 끌린다. 그러나 이런 유형의 사랑은 지극히 불안정한 것이 특징이다. 한순간 마음이 설레었다가도 다른 순간에는 어떠한 이유로 질려 버리거나 호감이 완전히 사라질 수 있다. 첫눈에 반한다는 것은 낭만적으로 들리지만 대부분의 경우 불꽃놀이처럼 그 순간이 지나면 뿌연 연기만 남는다. 이런 종류의 사랑은 가끔 한 사람의 세상을 장

예민해서 미안해

식할 수는 있지만 안정적인 행복을 가져다주지는 못한다.

또 다른 사랑은 매우 천천히 찾아온다. 이런 사랑은 전희가 길어서 시작할 때는 고민도 많고, 많은 시험과 탐색 과정을 거치게 된다. 그래서 처음에는 차갑고 쉽게 가까워지지 않는다고 느끼지만 일단 적응 기간이 지나고 나면 깊은 관계를 유지할 수 있다.

내성적인 사람은 자신의 매력을 굳이 드러내려고 하지 않는다. 그들은 일상적인 교제 안에서 조금씩 자신을 알아가고 느끼게 하는 것을 좋아한다. 아마 처음에는 맑은 물처럼 밋밋해 보일 수도 있지만 여러 번 보다 보면 그 눈길 끝에 그들이 보물을 품고 있는 사람이라는 것을 천천히 깨닫게 될 것이다. 이런 사랑은 시간이 지나면서 더 짙어지고 오래간다.

"나는 내성적인 사람에게 잘 끌리더라고. 그들 안에 있는 자아와 강인함이 한번 드러나면 정말 최고로 매력적일 거야."

내 친구의 말에 나도 공감한다. 그렇다면 내성적인 사람에게는 어떤 독특한 매력이 있을까?

* 정서적 안정: 둔감함

우리는 연애할 때 잘 맞는 사람을 선택해야 한다고 말한다. 그렇다면 잘 맞는 사람이란 어떤 의미이며, 그들에게는 어떤 특징이 있을까? 이 질문에 심리학자 타이 타시로Ty Tashiro는 이렇게 설명한다.

"정서적 안정은 중요한 특성이지만 과소평가되고 있다. 간단히 말해서 정서적 안정은 사람의 감정 조절 능력을 말한다. 정서적 안정이 낮은 사람은 더 예민하고 충동적이며, 분노와 불안, 우울과 같은 부정적인 감정을 쉽게 느낀다. 이들은 일반 사람들보다 외부 자극에 강하게 반응하고 감정 조절과 대처 능력도 상대적으로 부족하기 때문에 부정적인 감정 상태에 빠져 있는 경우가 많다. 반대로, 정서적 안정이 높은 사람은 덜 감정적이고 외부 자극에도 차분하게 반응한다."

외모와 능력이 모두 뛰어날 뿐만 아니라, 다른 여러 조건도 우수한 사람들은 막상 친해지면 의외로 불편한 경우가 많다. 그 이유는 몹시 감정적이기 때문이다. 그들은 다른 사람의 말투가 마음에 들지 않거나 자신의 뜻대로 일이 돌아가지 않으면 자주 화를 내고 과격하게 반응한다.

너무 감정적인 사람과 함께 있으면 덩달아 신경이 예민해질 수 있다. 그들은 걸어 다니는 시한폭탄 같아서 작은 일에도 언제 폭발할지 모르며 폭발하고 나면 사태를 수습할 수 없을지도 모른다. 어느 심리학 연구에 따르면 정서적으로 불안정한 사람과 장기간 함께 있으면 극심한 불안과 두려움에 시달릴 뿐만 아니라, 신체 건강에도 적신호가 켜져 다양한 질병을 유발할 수 있다.

예민해서 미안해

내성적인 사람은 정서적 안정감이 비교적 높은 편인데, 그들은 성격이 온화하고 무슨 일이 생겨도 차분하게 대처하며 이유 없이 화를 내는 일이 거의 없다. 심리 전문가들은 이러한 안정성을 '정서적 둔감함'이라고 부른다. 둔감함은 사소한 일에 동요하지 않고 힘들고 곤란한 일을 마음에 담아두지 않고 흘려보내는 것을 말한다. 좋은 의미의 둔감한 사람과 함께 있으면 주변 사람도 매우 편안해진다.

영화 〈포레스트 검프Forrest Gump〉에서 사람들은 포레스트 검프가 멍청하고 어리숙해 보여서 조롱과 놀림의 대상으로 삼았다. 하지만 그는 외부의 소리와 시선에 아랑곳하지 않고 항상 담담하게 맞서며 자신의 일에 최선을 다했다. 결국 이런 둔감함 덕분에 포레스트 검프는 많은 사람에게 진심 어린 존경과 사랑을 받았다.

친밀한 관계에서도 마찬가지다. 와타나베 준이치Watanabe Junichi는 『나는 둔감하게 살기로 했다』라는 책에서 서로 사랑하는 남녀에게 가장 필요한 것은 바로 둔감함이며, 장기적으로 좋은 관계를 유지하려면 서로의 둔감함을 용서할 수 있어야 한다고 했다. 둔감함으로 가득 찬 내성적인 사람은 어쩌면 사람들 사이에서 가장 눈에 띄지 않을 수 있지만 분명 가장 신뢰할 수 있고 거부하기 힘든 사람이리라.

＊ 경청하기: 공감

철학자 폴 틸리히Paul Tillich는 "사랑의 첫 번째 의무는 경청하는 것"이라고 했다. "인간의 기본적인 필요 가운데 가장 중요한 것은 이해받고 이해하는 일이다. 사람들을 이해하는 가장 좋은 방법은 그들의 말을 듣는 것이다."라는 랄프 니콜스Ralph Nichols의 말처럼 이를 달성하기 위한 핵심은 표현이 아니라 경청이다. 요즘 사회는 너무 조급하다. 대부분 사람이 자신을 표현하고 드러내는 데만 급급하고 다른 사람의 말에 귀를 기울이지 않는다. 내성적인 사람은 자신의 표현 능력이 부족한 것에만 신경 쓰느라 실제로 자신이 좋은 경청자라는 사실을 잊곤 한다.

가끔은 대화 주제를 생각하거나 무슨 말을 해야 할지 고민할 필요도 없이, 그저 상대방의 눈을 바라보며 말이 끝날 때까지 가만히 들어주기만 해도 상대방은 편안함을 느낀다. 이유는 아주 간단하다. 표현하는 사람이 가장 필요로 하는 것은 발언권을 놓고 자신과 경쟁하는 사람이 아니라, 자신의 마음속 이야기를 속 시원히 털어놓을 수 있는 경청자다. 누군가가 자신의 말을 진지하게 듣고 있다고 느낄 때, 그때만큼 만족스럽고 행복한 시간은 없다. 경청은 수동적으로 보일 수 있지만 실제로는 당신의 매력을 더할 수 있는 엄청난 능력이다. 내성적인 사람이 여기에 공감 능력을 더한다면 자신의 경청 능력을 좀 더 매력적으로 느끼게 할 수 있다.

'공감'은 최근 수년간 인기를 끌고 있는 심리학적 개념으로, 사람들이 상호작용하는 과정에서 상대방의 관점을 고려하며 그의 상황과 감정을 이해하고 공감할 수 있는 능력을 말한다. 이 개념은 두 가지 의미를 포함하는데, 첫 번째는 상대방의 입장에서 사고함으로써 그들의 처지를 이해하고 부정하지 않는 것이며, 두 번째는 타인의 감정을 이해하고 온전히 느끼는 것이다.

그래서 우리는 상대의 이야기를 듣는 동안 한편으로는 상대방이 무엇을 말하려고 하는지, 그의 입장과 그런 입장을 가지게 된 이유를 이해해야 한다. 더 중요한 것은 상대방의 내면 감정을 이해하는 것이다. 이 점이 특히 중요한데, 상대방이 자신의 감정을 이해해 준다고 느낄 때만 감정적인 소통과 연결이 가능해지며, 이는 서로를 더 가깝게 하는 핵심 요소이기 때문이다.

한마디로 자기표현을 잘하는 것도 능력이지만 잘 들어주는 것역시 독특한 매력이다. 내성적인 사람이 자신의 입장을 명확히 이해하고, 든든한 대나무 숲이 되어 줄 수 있다면 자신의 장점을 살리고 단점을 피해, 당신이 좋아하는 사람의 마음속에 없어서는 안 될존재가 될 수 있다.

* 진정성: 최고의 감성지수

우리에게는 다양한 아름다운 자질이 있는데, 처음 만나자마자 눈부시게 빛나는 자질이 있는가 하면, 오래된 와인처럼 시간이 지날수록 그 가치가 느껴지는 자질도 있다. 진정성은 후자에 속한다.

내성적인 사람은 조용하고 말이 적어서 멀리서 보면 다소 차가워 보일 수 있지만, 가까이 다가가 보면 누구와도 잘 어울리고 진정성 있게 대한다는 것을 알 수 있다. 자기 자신을 있는 그대로 보여주고 결코 과시하지 않으며, 과장된 말로 거짓된 이미지를 만들지 않는다. 스스로 할 수 있는 것만 약속하고 속임수를 쓰지 않으며 겉과 속이 일치한다.

모두가 진정성 있는 사람을 좋아한다. 그런 사람과 함께 있으면 무방비 상태로 매우 편안하게 지낼 수 있기 때문이다. 이런 사람 앞에서는 자신의 수많은 가면과 방어기제에서 벗어나서 진실하고 편안한 마음으로 함께할 수 있다.

이런 관계는 모든 사람이 동경하지만 쉽게 얻을 수 없는 관계다. 우리는 감성지수를 중요시하지만 간혹 많은 사람이 감성지수와 말솜씨를 동일시하여 말을 잘하고 세심하며 융통성이 있으면 감성지수가 높다고 생각한다. 하지만 실제로 높은 감성지수는 겉으로 드러나는 입담이 아니라, 사람의 내면에 있는 아름다운 성품이 관계 속에서 자연스럽게 드러나는 것이다.

영화 〈언터처블: 1%의 우정〉에 이런 대사가 나온다.

"사실 당신은 아무것도 할 필요가 없다. 그저 진정성만 있으면 충분하다."

내성적인 사람은 말을 많이 할 필요는 없지만 반드시 진정성은 지켜야 한다. 시끄럽고 가벼운 사람은 쉽게 잊히지만, 진실한 사람은 쉽게 잊히지 않는다.

* 내면의 섹시함: 흥미로운 영혼은 딱 하나뿐이다

내 친구는 남자친구를 고를 때 외모나 집, 차, 집안을 보지 않고 오로지 그 사람의 능력만 보고 선택했다. 그녀는 능력이 가장 섹시하고 매력적인 포인트라고 생각했다. 외모 지상주의에 빠진 사람은 외모가 곧 정의이고 아름다움이 최고라고 믿는다. 하지만 이와 반대로 내면을 더 중시하는 사람은, 잘생긴 얼굴은 천지에 널렸지만 흥미로운 영혼은 세상에 딱 하나뿐이라고 생각한다.

어쩌면 내성적인 사람은 첫눈에 다른 사람의 시선을 사로잡는 사람이 아닐 수도 있지만, 얼마 동안 함께 지내고 나면 그들이야말로 숨겨진 보물이며 오래 알고 지낼수록 더 많은 놀라움을 발견할 수 있다는 사실을 깨닫게 될 것이다. 내성적인 사람은 평소 조용하고 말이 없으며 자기 생각을 거의 표현하지 않지만 그렇다고 그들의 생각이 없는 것은 아니다. 오히려 그들은 자기만의 독립적이고 깊은 생각을 가지고 있다. 내성적인 사람과 같이 어울리다 보면 말이 없다가도 한번 말을 시작하면 놀라운 명언을 쏟아 내며 사람들의 시선을 사로잡는다.

내성적인 사람은 창의적인 사고를 잘한다. 앞서 언급했듯이 내성적인 사람은 비현실성이 강해서 과거를 회상하거나 미래를 상상하며 살아가지 현재에 매여서 사는 경우는 드물다. 한편으로는 이것이 그들에게 불리하게 작용하는데, 현실 문제를 해결하는 능력이 약하다 보니 가끔은 너무 순진하고 비현실적으로 보일 수 있다. 하지만 다른 한편으로 이런 비현실성은 현실의 제약을 받지 않고 문제를 대할 때 더 많은 상상력을 꽃피울 수 있다.

현실에서 유명한 사람들이 이런 경우가 많다. 그들은 현실과 맞지 않는 기질을 가지고 있지만 자신의 전문 분야에서는 뛰어난 재능을 발휘한다. 그만큼 내성적인 사람은 매력이 없는 것이 아니라 항상 자신을 숨기고 자신의 빛을 쉽게 드러내지 않는다. 이들은 같은 주파수 대역의 사람을 만났을 때에야 방어기제를 풀고 자기만의 독특한 매력을 보여 준다.

예민해서 미안해

외향적인 사람은
내성적인 사람에게 끌린다

내성적인 사람은 소극적이고 먼저 자신을 드러내는 법을 모르며, 연애 관계에서 여러 전략을 이해하지 못한다. 이런 상황에서 어떻게 진정한 사랑을 만날 수 있을까?

사실 방법은 매우 간단하다. 바로 무위이치無爲而治, 아무것도 하지 않고 자연의 순리에 맡겨 두고 최고의 자신이 되면 된다. 대체 이게 무슨 뜻일까?

외향적인 사람이 어떻게 하는지 보면서 굳이 모방하거나 자신을 바꾸려고 할 필요가 없다는 말이다. 억지로 자신의 성격을 바꾸려고 애쓰는 대신 마음이 가는 대로 편안한 상태로 이성을 만나면 된다. 그렇게 하면 운명의 상대가 자연스럽게 당신 곁으로 다가올 것이다.

어떻게 보면 매우 신비롭고 약간 운명론적으로 들리기도 하지만 실제로 과학적 논리가 작동하고 있는데, 그 뒤에 있는 논리는 다음과 같다. 모든 사람은 독특하며, 그의 외모, 말과 행동뿐만 아니라 기질에서도 많은 장점을 찾을 수 있다. 이 장점은 자기 스스로에게는 그다지 중요하지 않을 수 있지만 어떤 사람에게는 본능적으로 매력적으로 다가와 그에게 끌리게 된다.

상호 보완성 때문에 내성적인 사람은 외향적인 사람을 쉽게 끌어들일 수 있다. 당신이 내성적인 여성이라면 외향적인 남성이 당신을 만났을 때 호감을 느끼기 쉽고, 만약 당신이 내성적인 남성이라면 외향적인 여성이 당신을 보고 쉽게 호감을 느낄 것이다.

이런 사례는 일상에서도 흔히 볼 수 있다. 내 친구는 외향적인 성격의 여성이며 심리상담사로 일하고 있다. 어느 날 연애 이야기를 하던 중, 자신의 남편은 내성적인 사람이라고 했다. 처음 만났을 때 상대방은 수줍음이 많고 말도 거의 없었지만, 그럴수록 매력을 느끼고 그에게 더 가까이 다가가고 싶었고, 결국 그들은 결혼까지 하게 되었다.

유명인 중에서도 이런 조합의 커플을 많이 볼 수 있다. 한 사람은 매우 내성적이고 다른 한 사람은 매우 외향적이다. 많은 사람이 성격이 너무 달라서 오랫동안 함께할 수 없을 것이라고 생각하는데, 수십 년이 지난 지금도 그들은 여전히 행복하게 살고 있다.

흔히 자신과 반대되는 이성異性에 끌린다고 한다. 물론 여기서 '성性'은 성별을 의미하지만 성격을 가리키는 말로도 사용할 수 있다. 서로 다른 성격의 사람들이 함께 있으면 상대방을 바라보는 시각이 신비로움으로 가득해 호기심과 탐구욕을 자극하고 이러한 요소가 호감도를 높이는 데 크게 기여한다.

내성적인 사람은 자신이 말을 별로 하지 않거나 자신을 적극적으로 표현하지 않는다고 해서 이를 나쁘게 볼 필요가 없다. 때로는 당신이 거부하는 것이 바로 다른 사람이 좋아하는 것일 수 있다. 당신이 편안하게 자신의 모습을 보여 주고 자신감을 가질 수 있다면 당신의 기질이 당신에게 어울리는 사람을 당신 곁으로 끌어들일 것이다.

물론 일부 내성적인 사람들 머릿속에는 '나는 너무 평범하고 여러 문제가 있기 때문에 좋아하는 사람 앞에서는 자신감을 가질 수 없다'라는 강박관념이 있다. 그런데 평범함과 자신감은 상충하지 않으며, 문제와 자신감도 상충하지 않는다.

누군가가 다른 사람의 눈에 매력적으로 보이는지 아닌지는 '아홉 가지 장점 + 한 가지 중요하지 않은 단점'에서 비롯되는 것이 아니라, 짧은 시간 동안 상대방의 눈을 멀게 할 수 있는 '한 가지 장점'에서 비롯된다. 다시 말해서 당신에게 장점이 딱 하나뿐이라도, 그 장점을 중요하게 생각하는 사람을 만나면, 당신은 그 사람의 마음속에서 눈부시게 빛나는 존재가 될 수 있다.

그러므로 끊임없이 자신을 비판하고 자신의 결점을 찾으려고 애쓰지 마라. 당신은 매우 평범하다. 사실 모든 사람이 평범하다. 중요한 것은 당신의 비범한 모습(비록 하나뿐이더라도)을 드러내고 그것을 자랑스러워할 수 있느냐는 것이다.

마음에 드는 사람에게
호감을 사는 '구름다리 효과'

내성적인 사람은 달콤한 말이나 오글거리는 사랑의 말을 하기 힘든데, 어떻게 하면 좋아하는 사람에게 호감을 살 수 있을까? 굳이 로맨틱한 말을 하지 않아도 괜찮은 건 비언어적인 방법을 시도해 볼 수 있기 때문이다. 그중 하나는 상대방의 마음을 사로잡으려면 먼저 그들의 몸을 사로잡아야 한다. 여기서 말하는 몸을 사로잡는다는 것은 상대방의 심장을 빨리 뛰게 만드는 것을 의미한다.

심리학에서는 이를 '구름다리 효과'라고 하는데, 간단히 말해서 두 남녀가 흔들리는 다리를 건널 때 서로에 대한 호감이 높아진다는 것이다. 흔들리는 다리 위를 걷고 있으면 당연히 심박수가 올라가고 심장이 빨리 뛰는데, 이때 옆에 이성이 있으면 우리는 무의식적으로 이 두근거림을 사랑의 감정으로 인한 설렘으로 착각하여 그 사람을 좋아한다는 생각으로 이어진다는 것이다.

이 원리를 이해하면 일상생활에서 많은 것을 이해할 수 있다. 예를 들어, 왜 연애할 때 커플들이 특히 놀이공원을 가거나 등산을 하고, 최근 몇 년 사이에 인기를 끈 방탈출 게임 같은 활동을 하는지 말이다. 이 모든 활동의 뒤에 숨겨진 논리는 같다. 이러한 활동들은 매우 흥미롭고 경험하는 과정에서 심장을 뛰게 만들어, 무의식적으로 신체의 설렘을 정신적 설렘으로 착각하게 함으로써 서로의 감정을 증폭하는 것이다.

8장

사랑의 감정은
함께 만들어 간다

감정이 있는 모든 사람은 '맹인'이며,
삶이라는 코끼리를 조금씩 탐색해 나간다.

시작은 쉽지만
지켜내기는 어렵다

친밀한 관계를 위해 주의할 점

"남편을 사랑하지만 같이 있을 때마다 그렇게 싸우고 서로를 힘들게 해요. 어떻게 하면 좋을까요?" 한 내담자가 상담 중 이런 질문을 했다. 이는 그녀뿐만 아니라 많은 사람이 관계 안에서 겪는 고통이다. 분명히 마음속으로는 상대방이 바로 그 사람이라는 것을 확신하지만, 함께 지내면서 이러한 확신이 가끔씩 흔들릴 때가 있다. 서로 사랑하는 것은 쉽지만 그것을 지켜내는 일은 무척 어렵다.

사랑은 한 편의 영화처럼 2시간보다 짧은 시간에도 우리를 자극적인 충동으로 이끌어 강렬한 감정과 느낌에 빠져들게 하고 인생의 희로애락을 느끼게 한다. 하지만 서로 함께하는 것은 장편 드라마와 같아서 회차를 거듭할수록 강렬했던 감정도 서서히 희미해진다. 그 과정에서 우리는 이전에 간과했던 많은 것이 조금씩 보이기 시작하고, 그 결과 서로를 바라보는 시각에 변화가 찾아온다.

　친밀한 관계에 대한 심리학 연구도 이를 증명해 준다. 버나드 머스타인Bernard Murstein의 자극-가치관-역할 이론에 따르면, 두 사람의 첫 만남에서는 주로 '자극'적인 정보에 기반을 둔 나이와 외모, 재산, 적극성, 유머감각 등 쉽게 관찰할 수 있는 특성에 주목하고, 관계가 안정되면 '가치관'의 단계로 넘어간다. 이때 두 사람이 삶에서 중요하다고 생각하거나 자주 경험하는 것들에 대한 견해와 태도가 얼마나 일치하는지가 더 중요해진다.

　사랑을 시작하면 자신도 잊은 채 무모해지기도 한다. '함께하기'의 평범한 단계로 넘어간 후에는 서로가 다시 자신을 찾아가고 서로의 존재감에 더욱 주목하게 된다. 이 단계에서 사람들은 일상에서 함께 나누는 감정과 그것의 지속성에 더 많은 관심을 기울인다.

　우리가 옷을 살 때를 떠올려 보자. 살 때는 옷의 디자인에 더 신경을 쓰지만 일단 사고 나면 입기 편한지, 오래 입을 수 있는지 등 다른 측면으로 만족도를 평가한다. 사랑에서 이 시기가 가장 힘겹다. 내성적인 사람이 친밀한 관계를 이어 갈 때 주의해야 할 점은 무엇일까?

　　　　　　　　　　　　예민해서 미안해

사랑하는 사이일수록
잘 싸운다

친밀한 관계에 있는 두 사람이 처음 마주하는 문제는 서로 간의 차이다.

내면의 소리

"함께 있다 보니 우리가 얼마나 다른지 알게 됐어요."

내담자 지원은 1년 넘게 만난 남자친구 문제로 골치가 아팠다. 평소 남자친구는 그녀에게 정말 잘해 주고 여러 면으로 살뜰히 챙겨 주지만 함께 지내면서 많은 문제가 발생했다.

그들은 생활 습관이 매우 달랐다. 집안일을 하다 보면 불을 끄거나 물건을 사용하고 제자리에 갖다 두는 등 누구나 쉽게 할 수 있는 작은 일들이 많은데 남자친구는 그조차도 하지 않았다. 지원은 남자친구와 이런 문제로 서로 지칠 만큼 수없이 대화를 나누었지만 남자친구는 변하지 않았으며 심지어 변할 기미조차 보이지 않았다. 그뿐만 아니라 남자친구는 이런 사소한 일로 다투는 것이 일을 크게 만드는 것이라고 생각했다. 이로 인해 지원은 깊은 상처를 받고 두 사람이 정말 잘 맞는지에 대해 고민하기 시작했다.

이 같은 문제는 우리 삶에서 헤아릴 수 없이 많이 일어난다. 두 사람이 실제로 함께 살아 보기 전까지는 완전히 다른 종류의 생물처럼 서로의 차이가 이토록 큰지 알 수 없다. 그래서 이 사실에 크게 놀랄 수밖에 없다.

한 사람은 북적거리는 것을 좋아하고 다른 한 사람은 조용한 것을 좋아한다. 한 사람은 매사에 진지하고 꼼꼼한 반면 다른 사람은 대충대충이 몸에 밴 스타일이고 생각나는 대로 행동하는 편이다. 또 한 사람은 멜랑콜리하고 로맨틱한 분위기를 즐기는 반면, 다른 사람은 로봇처럼 냉정하다. 한 사람은 직설적이어서 할 말이 있으면 바로 하는 반면, 다른 사람은 마음속에 담아 두고 걸핏하면 냉전에 돌입한다.

이처럼 두 사람의 차이가 크다는 사실을 알게 됐을 때, 대부분 사람이 보이는 첫 반응은 옳고 그름을 찾는 것이다. 우리는 자신의 관점에서 출발하여 자신이 옳고 상대가 틀렸다고 생각하기 때문에 상대방이 변해야 한다고 결론짓는다. 하지만 상대방은 거부하거나 겉으로는 수긍하는 척하면서 속으로는 자기 마음대로 행동한다. 말로만 "알았어, 알았어"라고 할 뿐 행동 변화는 전혀 이루어지지 않는다. 대체 무엇이 문제일까?

여기서 핵심은 분명하게 옳고 그름을 구별하기 쉬운 경우도 있지만, 사안의 정당성을 명확히 판단하기 어려울 때가 훨씬 더 많다

예민해서 미안해

는 데 있다.

각자 매우 다른 심리적 현실을
경험한다

심리학에서는 한 사람의 세계에 대한 체험이 최종적으로 형성된
것이 일종의 심리적 현실이라고 믿는다. 즉, 객관적으로 보이는 세
상의 모습은 하나이지만, 사람들이 내면에서 느끼는 세상의 모습
은 전혀 다른 문제라는 것이다. 이 심리적 현실과 객관적 현실 사이
에는 항상 적지 않은 차이가 존재한다. 우리는 모두 동일한 객관적
현실을 공유하지만, 각자가 매우 다른 심리적 현실을 경험한다.

우리가 자신이 옳다고 생각할 때, 이러한 느낌은 자신의 경험을
기반으로 한다. 그리고 우리가 다른 사람이 틀렸다고 생각할 때, 그
역시 다른 사람이 아닌 자신의 경험을 기준으로 한다. '맹인이 코끼
리를 만지는 이야기'를 들어 본 적이 있을 것이다. 어떤 의미에서 그
관계에 있는 모든 사람은 '맹인'에 불과하다. 그들은 삶이라는 코끼
리를 조금씩 더듬어 탐색하면서 자신이 만진 일부만을 유일한 사
실로 여기고 다른 사람을 쉽게 부정한다.

내성적인 사람은 자신만의 작은 세계에 살아가는 것에 익숙하기 때문에 가끔은 친밀한 관계 안에 있는 연인을 포함하여 다른 사람에 대한 이해와 관찰이 충분히 이루어지지 않는다. 그래서 다양한 차이를 마주하면 온전히 이해하지 못하고 그로 인해 실망과 고통을 느끼기도 한다. 이 문제는 이렇게 해결하면 된다.

첫째, 더 이해하고 덜 판단하라. 상대방의 말이나 행동이 우리와 다르거나 마음에 들지 않는다고 해서 성급하게 상대방이 틀렸다고 판단하거나 결론을 내리면 안 된다. 우리는 먼저 행동 이면의 원인을 이해해야 한다. '그는 왜 변하지 않는가?'라는 질문을 '그는 왜 저런 행동을 하게 된 걸까, 그는 대체 어떤 삶을 살아온 걸까?'로 바꿔보는 것도 괜찮다.

한 사람은 그가 살아온 하나의 역사나 다름없다. 그의 과거 모든 경험이 현재의 모습을 만들었다. 우리가 이해하지 못하는 많은 행동 뒤에는 분명 우리가 본 적 없는 여러 경험이 숨겨져 있을 것이다. 이 부분을 이해하고 나면 우리는 상대방을 더 많이 포용하게 될 것이다. '이해하는 만큼 너그러워진다'는 말이 바로 이런 뜻이다.

둘째, 우리는 모든 문제를 해결할 수 없으며 모든 문제를 해결해야 하는 것도 아니다. 미국의 한 심리학자는 40년 동안 결혼 문제에 대해 연구한 끝에 결혼 생활에서 발생하는 대부분의 문제는 해결할 수 없다는 결론을 내렸다. 원칙과 한계에 관련된 문제를 제외하고, 문제를 안고 살아가는 능력도 결혼을 유지하는 중요한 능력 중 하나라고 할 수 있다.

차이도 마찬가지다. 친밀한 관계에 있는 두 사람은 각자 다른 가정에서 자라고 다른 성장 과정을 겪었기 때문에 서로 다른 생각과 방식을 가질 수밖에 없다. 주말이 되면 집에서 책을 읽거나 드라마를 보고 발코니에서 햇빛을 즐기길 좋아하는 사람이 있는 반면, 쇼핑을 하거나 친구들과 모임을 가지는 등 활동적인 것에 더 흥미를 느끼고 좋아하는 사람이 있다.

인생의 모든 영역에서 두 사람이 서로 다른 생각을 가질 수 있고 의견 충돌이 발생하는 것은 당연한 일이다. 모든 차이와 문제를 해결하고 개선해야 한다면 그 삶은 결코 평온하지 않을 것이다.

심리학자 배리 슈워츠Barry Schwartz는 "진짜 중요한 일에 대해 적절한 선택을 하고, 중요하지 않은 일에 대한 선택의 부담을 덜어내야만 최대한의 자유를 얻을 수 있다고 믿는다"라고 했다. 다시 말해서 중요하지 않은 문제에 에너지를 낭비하지 말라는 뜻이다. 특히 연인이나 부부간에 상대방의 사소한 결점이나 문제를 마주했을 때 약간 모호하게 대처하는 것이 오히려 더 나은 방법일 수 있다. 이것은 문제를 회피하는 것이 아니라 중요한 것과 그렇지 않은 것의 우선순위를 세우고 적절한 선택을 할 수 있는 지혜이다. 관용은 무조건 참는 것이 아니라 선택의 지혜를 아는 것이다.

얼마 전 빌 게이츠Bill Gates가 이혼했을 때, 두 사람이 헤어진 이유가 더 이상 함께 성장할 수 없기 때문이라고 했다. 이 말 뒤에 숨겨진 의미는 '우리는 더 이상 서로를 포용하고 싶지 않다'는 것이다. 포용은 친밀한 관계의 마지막 보루이며 그 포용의 깊이는 관계가 힘들어졌을 때 버틸 수 있는지, 아니면 결국 무너지는지를 결정한다.

셋째, 인생의 궁극적인 목표는 문제 해결이 아니라 행복 추구에 있다는 사실을 기억해야 한다. 우리가 집에 돌아가서 가장 하고 싶은 것은 자신의 습관대로 생활하고 진짜 나다운 모습을 편하게 드러내는 것이다. 그래야 편안함과 자유로움을 느낄 수 있다. 그러니 자신을 변화시키는 것, 특히 수년간 형성된 습관을 바꾸는 것은 보통 어려운 일이 아니다. 앞서 언급한 지원의 남자친구가 그녀의 말에 아무런 반응을 보이지 않은 것처럼 때로는 하고 싶지 않아서가 아니라 정말로 할 수 없기 때문인 경우도 있다. 어쩌면 우리가 생각하는 것처럼 각자의 습관이 더 좋을 수도 있다. 하지만 모든 생활 습관에는 강력한 관성의 법칙이 작용하고 있어서, 때로는 금연처럼 '끊는다'는 말만으로 쉽게 끊을 수 있는 것이 아니다.

진정으로 좋은 관계는 상대방을 변화시키거나 문제를 제거하는 것이 아니라, 차이를 인정하고 공통점을 찾는 것이다. 자신이 좋다고 생각하는 습관이라도 상대방이 불편하다면 그의 감정을 존중하고 그가 원하는 대로 살도록 허락하는 것이 좋다. 이렇게 지내는 것이야말로 사랑을 축적하고 소모하지 않는 방법이다.

과도한 기대로
우리는 감정을 소모한다

기대와 현실 사이의 균형

인간관계에서 누군가에게 실망하는 것은 상대방이 나쁜 일을 해서가 아니라, 기대한 대로 자신을 대하지 않거나 자신의 기대에 미치지 못했기 때문이다. 내성적인 사람의 경우 상대방에게 가장 크게 기대하는 바는 자신을 이해해 주는 것이다.

내면의 소리

"내 기대가 너무 높은 걸까요?
그는 항상 나를 실망시켜요."

영서는 남편이 자신을 이해하지 못한다고 느낀다. 몸이 좋지 않거나 기분이 안 좋을 때는 혼자 소파에 앉아 말없이 시간을 보내곤 했다. 가끔 남편이 그녀의 기분을 알아채고 다가와 이런저런 얘기를 하며 속

예민해서 미안해

내를 털어놓기는 하지만 남편이 일이 너무 바빠서 그녀를 챙기지 못할 때도 많았다. 그녀는 남편이 자신을 위로해 주지 않는다는 사실에 너무 화가 나서 물건을 집어 던진 적도 있었다.

두 사람은 이런 문제로 많이 다퉜는데, 그럴 때마다 남편은 그녀가 가식적이라고 생각했다. 문제가 있으면 직접 말하면 되는데 그러지 않는 이유를 그는 전혀 이해하지 못했다. 반면 그녀는 남편이 자신을 신경 쓰지 않는다고 느꼈다. 적어도 신경을 쓴다면 먼저 자신의 잘못을 깨닫고 그녀의 의도를 한 번에 파악해야 한다고 생각했다.

이런 그녀의 생각은 심리학에서 말하는 '투명성 착각'이라는 개념으로 설명할 수 있다. 이것은 사람들이 서로를 투명하게 볼 수 있다는 착각에, 상대방이 자신의 생각과 감정을 이해하는 정도를 과대평가하는 것을 의미한다. 친밀한 관계에서는 '나를 사랑한다면 내가 무슨 생각을 하는지 알아야 하며, 내 눈빛만 봐도 한 번에 알아챌 수 있어야 한다'는 의미로 적용되기도 한다.

사랑하는 사이에서 마음이 통하는 현상은 새로운 것이 아니다. 그러나 언제나 두 사람이 이러한 암묵적인 이해가 가능하다면, 그것은 비현실적이고 터무니없는 기대일 뿐이다.

과도한 기대는 비현실적이지만, 친밀한 관계일수록 빈번하게 나타난다. 왜냐하면 과도한 기대 뒤에는 깊은 사랑이 있기 때문이다.

소설 『노르웨이의 숲』은 '사랑'에 대해 이렇게 묘사한다.

"가령 지금 선배에게 딸기 쇼트 케이크를 먹고 싶다고 하면 말이에요, 그러면 선배는 모든 걸 집어치우고 그걸 사러 달려가는 거예요. 그리고 헐레벌떡 들어와서, '자, 미도리, 딸기 쇼트 케이크야' 하고 내밀겠죠. 그러면 나는 '흥, 이따위 것 이제 먹고 싶지 않아' 그러면서 그걸 창문으로 휙 내던지는 거예요. 내가 바라는 건 그런 거란 말이에요."

"사랑과 아무런 관계를 느끼지 못하겠는데?"

와타나베는 다소 놀라며 물었다.

"상관 있어요! 선배가 모를 뿐이죠. 여자에겐 이런 것이 굉장히 소중할 때가 있다고요."

미도리가 대답했다.

이런 애정관은 '인위적'이고 까다롭게 보일 수 있지만, 사람들의 내면 깊숙한 곳에 '사랑의 본질은 편애'라는 사랑의 정의가 자리 잡고 있다. 사실 나조차도 나의 몇몇 요구들이 지나치다는 것을 알지만 이렇게 과도한 요구까지 만족시켜 줄 수 있다면, 이는 '나는 당신 마음속에서 유일한 존재이며 이런 포용과 편애는 내가 이 관계에서 가장 원하는 것'임을 증명한다.

——————— 예민해서 미안해

지나치게 높은 기대는
독이 된다

심리학자들은 비난과 욕설을 쓰든 좋은 말로 설득하든 우리가 상대방에게 높은 기대감의 신호를 보내면 상대는 압박감에 짓눌려 때로는 견디기 못할 정도로 힘들어하고, 그러면 끝내 거부하거나 반항하고 타조처럼 침묵하며 도망쳐 버릴 수도 있다고 말한다.

살면서 이런 상황을 자주 목격할 수 있다. 어떤 부부는 아내가 남편을 쫓아다니면서 끊임없이 요구하고, 온전히 만족하지 못하면 비난과 불만을 터뜨린다. 반면 남편은 계속해서 회피와 침묵으로 반응한다. 이 반응은 일종의 '거부'로, 이런 상황이 지속되면 '추격-회피' 의사소통 패턴이 형성된다.

'추격-회피' 의사소통 패턴은 두 사람의 감정에 큰 상처를 준다. 이런 상호작용이 일정 수준에 도달하면 두 사람의 관계는 감정이 바닥난 '좀비' 상태에 빠져, 명목상으로는 함께 있지만 사랑은 이미 사라진 지 오래다. 최근 몇 년 동안 모두의 화두가 된 '독박 결혼'이 바로 이런 상태다. 기대로 인해 이런 문제가 발생한다면, 기대하지 않으면 문제가 생기지 않을까?

확실히 조금은 나아질 수 있다. 하지만 전혀 기대가 없다면 새로운 문제가 발생한다. 그룹 활동 중에 어떤 멤버가 자신은 다른 사람에게 기대하지 않고, 어떤 의견이나 요구도 하지 않고 다른 사람이 원하는 대로 해 주는 사람이 되기 위해 열심히 노력한다고 했다. 그런데 그러다 보니 다른 사람에 대한 열정이 줄어들고 다소 무관심해진 것 같다고 느꼈다.

여기서 문제의 핵심은 너무 높은 기대는 서로를 고통스럽게 하지만, 기대가 아예 없으면 열정도 사라지고 두 사람은 가까운 연인에서 냉랭한 '룸메이트'로 변한다는 점이다.

이 문제를 해결하려면 기대와 현실 사이에서 균형을 찾아야 한다. 한편으로 우리는 상대방에게 어느 정도 높은 기대치를 유지해야 하는데, 높은 기대감은 사랑의 부산물이며 합리적이라고 생각한다. 고통스러울 수도 있지만 어떤 의미에서는 고통 역시 사랑의 초석이 되기도 한다. 사랑 자체는 괴로운 일이다.

다른 한편으로 우리는 상대방의 평범함과 한계를 받아들여야 한다. 상대방이 자신의 기대에 미치지 못하면 그 사람도 평범한 인간이며 전지전능한 신이 아니라는 사실을 기억해야 한다. 그리고 자신을 배려하는 것처럼 상대방도 배려해 준다. 이런 마음가짐으로 접근한다면 관계는 여전히 완벽하지 않고 가끔은 고통을 안겨 줄 수 있지만, 훨씬 더 단단하고 오래 지속될 것이다.

누가 나를 예민하게 만드는가?

프로이트Sigmund Freud의 정신 분석 이론에 따르면 모든 인간은 공격성을 가진다. 단지 사람마다 표현 방식이 다를 뿐이다. 어떤 사람은 공격성을 직접적으로 표현한다. 마음에 들지 않는 것이 있으면 바로 폭발하는데, 폭풍우처럼 빠르게 스치고 지나간다. 이런 공격적인 표현 방식을 '능동적 공격'이라고 한다. 능동적 공격이 익숙한 사람은 충동적이고 분노가 많으며 화를 잘 내는 편이다.

충동을 '악마'라고 생각하면 되는데, 내성적인 사람은 이 '악마'를 좋아하지 않는다. 앞에서 언급했듯이, 내성적인 사람은 예민하고 공감 능력이 뛰어나며, 특히 친밀한 관계에서는 상대방의 감정을 매우 중요하게 여겨 상대방에게 상처 주는 말을 하기를 꺼린다. 이는 그가 성격이 좋고 정서적으로 안정되어 있음을 보여 준다.

우리 인생에는 언제나 갈등이 있기 마련이고 두 사람이 아무리 사랑해도 불화는 생기기 마련이다. 이때 부정적인 에너지가 생기면 반드시 해소해야 하는데 화를 내는 가장 직접적인 통로가 차단되면 우리의 감정은 다른 방식으로 표현될 수 있다.

주의해야 할
수동적 공격

내 친구는 여자친구가 쇼핑을 가서 옷이나 신발을 신어 보고 어떤지 물을 때마다 "좋은데, 잘 결정해!"라는 말을 많이 한다. 여자친구는 이 말을 들을 때마다 기분이 좋지 않지만, 그렇다고 그 말 자체가 잘못된 것은 아닌 데다가 그의 태도도 꽤 좋다 보니, 화를 내면 오히려 자신이 억지를 부리는 것으로 보일 것 같았다.

엄밀히 말하면 내 친구가 보이는 행동은 수동적 공격의 한 형태다. 사실 남자친구는 여자친구와 쇼핑하는 것을 별로 좋아하지 않지만, 같이 가지 않는다고 하면 여자친구가 기분 나빠 할까 봐 겉으로는 순응하는 척하는 것이다. 그러나 마음은 다른 곳에 가 있기에 여자친구가 쇼핑을 하면서 무엇을 하고 어떤 옷을 보는지는 중요하지 않아 크게 관심을 보이지 않는다.

"좋은데, 잘 결정해!"라는 말은 겉으로는 여자친구의 생각을 존중하는 것 같지만, 실제로는 '네가 지금 하는 일에 전혀 관심이 없어'라는 뜻과 마찬가지다. 겉으로는 존중하는 척하지만 실제로는 저항하는 것이다. 그래서 많은 여성이 남자친구를 데리고 쇼핑하는 것이 재미없다고 느끼는데, 사실 알고 보면 남성들이 이런 방식으로 여자친구가 재미없다고 느끼게 만들어 앞으로 함께 쇼핑하는 일에서 해방되려는 생각에서 비롯된 것일 수도 있다.

물론 이것은 인생에서 아주 사소한 일이며, 비록 상처가 있다 하더라도 '모세혈관' 같은 상처일 뿐 심각하지 않다. 기껏해야 가끔 불평을 늘어놓는 수준이다. 그러나 주의해야 할 몇 가지 수동적 공격이 있다.

* 정신적 폭력

냉전冷戰은 차가운 폭력이라고도 불리며, 언어적·정서적 소통이 없고 상대방에게 무관심한 태도를 취하며 서로의 상호작용을 최소화한다는 특징이 있다. 두 사람은 투명인간처럼 분명히 눈앞에 있는데도 서로의 존재를 느끼지 못한다. 프랑스의 유명한 정신분석학자 마리 프랑스 이리고양Marie-France Hirigoyen 박사는 저서 『보이지 않는 도착적 폭력Le Harcelement Moral』에서 이를 "눈에 보이지 않지만 실제로 존재하는 폭력"이라고 했다. 동기의 측면에서 볼 때,

대부분의 사람에게 냉전은 적극적으로 추구하는 것이 아니라, 수동적인 선택으로 볼 수 있다.

처음에는 '내가 당신을 화나게 할 일은 없으니, 어쨌든 피할 수 있겠지'라며 자신의 공격성을 드러내지 않는다. 그래서 조용히 자기 방으로 숨고 아무도 없는 곳으로 달아나 심기를 불편하게 하지 않거나, 아니면 상대방을 투명인간으로 생각해 보고도 못 본 척 행동한다.

인간은 관계적 동물이며 관계의 가장 큰 가치는 감정적 연결에 있다. 그러나 냉전을 즐기는 사람은 거들떠보지도 않고 완전히 무시하는 방식으로 이런 연결을 끊어 상대로 하여금 거절당하고 버림받는 느낌을 끊임없이 체험하게 한다. 이러한 감정적 박탈은 매우 심각한 정신적 고통이다. 그러므로 솔직한 사람들이 가장 참을 수 없고 가장 두려워하는 것이 냉전이다. 냉전을 경험한 사람은 싸우는 것이 슬프다면 냉전은 깊은 상처를 입히는 것이라는 사실을 알게 될 것이다.

* 책임 회피

수동적 공격의 또 다른 형태는 책임을 회피하는 것이다.

예민해서 미안해

"나는 냉대를 당하고 있는 것 같아.
그가 계속 나를 피하고 있어."

한 남자와 오랫동안 연애를 한 여성이 있었다. 그런데 어느 날 갑자기 남자친구가 그녀의 삶에서 사라졌다. 전화도 안 받고 SNS 메시지에도 답이 없었다. 급기야 회사까지 찾아가 봤지만 이미 퇴사한 지 오래였다. 마치 세상에서 증발한 것처럼 그 사람의 자취를 어디서도 찾을수 없었다.

얼마 후 그녀는 남자친구로부터 메시지를 받았다. 그는 부모님이 두사람의 관계를 반대하셨고, 자신이 가족을 설득하지 못해서 여자친구를 만날 용기가 없어서 다른 도시로 떠나 새로운 삶을 시작하기로 결정했다고 했다. 그리고 그녀에게 자신을 잊어 달라고 했다.

그녀는 슬펐지만 남자친구의 가족들이 자신을 별로 좋아하지 않는다는 사실을 알고 있었기 때문에 남자친구를 미워할 수는 없었다. 그녀는 오랫동안 이런 모순된 생각에 사로잡혀 있었다. 남자친구가 자신을 버렸다는 사실을 받아들일 수 없었지만, 다른 한편으로는 가족의 반대가 더 큰 이유였기 때문에 전적으로 그를 탓할 수도 없었다.

어느 날 우연히 그녀는 남자친구가 다른 여자와 결혼한다는 소식을 듣게 됐다. 그가 갑자기 사라진 이유는 이미 그 여자를 좋아하게 되었으나 차마 진실을 말할 용기가 없어서였다. 그는 자신이 받아야 할 비난을 피하기 위해 도망친 것이었다.

　이것은 심각한 수동적 공격 형태다. 이미 상대방을 좋아하지 않으면서도 자신의 진심을 표현하는 것이 두려워 결국 극단적인 방법으로 자신의 책임을 회피함으로써 사랑하는 사람에게 지울 수 없는 상처를 입혔다.

깊은 사랑은 갈등을
두려워하지 않는다

　숨길 수 없는 감정 두 가지가 있는데, 그중 하나가 사랑이다. 누군가를 좋아하게 되면 말하지 않아도 충분히 느낄 수 있다. 또 다른 하나는 상처다. 화가 나고 불만이 많으면 아무리 숨기려 해도 공격성은 나타난다.

　친밀한 관계에 있는 두 사람은 서로를 간파하기 쉽다. 당신 내면의 진짜 감정이 어떠한지 상대방이 쉽게 느낄 수 있다. 당신이 속으로 불만이 있지만 표현하지 않거나 심지어 내색하지 않는다고 해서 과연 공격성이 없는 것일까?

　울부짖는 호랑이만 사람을 해치는 게 아니라, 울부짖지 않는 호랑이도 사람을 해칠 수 있다. 수동적 공격 역시 공격의 한 형태다.

다만 공격하는 방식이 직접적인 불평이나 날카로운 말, 가정 폭력이 아니라, 은밀한 정신적 상처를 유발한다. 친밀한 관계가 더 건강해지고 오래 지속되기를 원한다면 이러한 문제를 피하기 위해 무엇을 할 수 있을까?

첫째, 감정 속의 상처를 다시 들여다보자. 상처는 누구에게나 피하고 싶은 고통스러운 경험이다. 그러나 실제로 상처는 피할 수 없는 일이다. 두 사람의 경험과 문제를 바라보는 관점, 일을 처리하는 방식, 행동 습관이 다르기 때문에 모순을 초래하고, 이러한 모순은 갈등으로 이어지기 쉽다.

갈등을 피할 수 없을 때는 이를 직면하고 발생하게 두는 것도 하나의 대처 방법이다. 싸울 건 싸워야 한다. 가끔은 싸우는 것으로 해독될 때도 있는데, 서로가 문제의 존재를 인식하고 시간과 노력을 들여 문제를 해결한다. 혹은 해결하지 못하더라도 조금 더 이해할 수 있는 계기를 마련해 준다.

사랑에는 고통과 기쁨이 공존한다. 이 고통은 두 사람이 함께할 때 발생하는 온갖 상처에서 비롯된다. 그러므로 어떤 면에서 상처는 어떤 관계든 항상 존재한다. 이것을 이해하면 화를 내거나 불만을 품거나 마음속에 있는 분노의 불씨를 품는 것 같은 공격성도 정상적인 것이므로 이를 큰 문제로 여길 필요가 없다.

분노의 불길이 진압할 수 없을 만큼 큰불로 확대되지 않도록 적절히 조절해야 한다. 무조건 피하려고 자기 눈을 가리고 문제가 없는 척하면 문제가 사라지리라는 생각은 금물이다. 좋은 관계는 싸우지 않는 것이 아니라, 싸움의 시험을 견뎌 내야 유지할 수 있다. 이 진리를 이해해야만 냉전에 대한 우리의 집착을 어느 정도 해소할 수 있다.

둘째, 솔직함을 유지하자. 여기서의 솔직함은 두 가지 의미가 있다. 하나는 자신의 감정을 솔직하게 표현하는 것이다. 화가 나면 말하지 않아도 되고, 잠시 자리를 피하는 것도 괜찮다.

화가 가라앉았거나 부정적인 감정이 어느 정도 해소됐을 때는 상대방에게 왜 화가 났는지, 어떻게 생각하는지 등을 말해야 한다. 동시에 상대방의 생각과 감정도 들어 보아야 한다. 이러한 솔직한 대화는 상대방을 이해하는 데 도움이 되며 불필요한 오해를 없애 준다.

우리는 자신의 감정을 솔직하게 표현하는 법을 배워야 한다. 사랑한다면 당당하게 자신의 사랑을 표현해 보자. 사랑하지 않는다면 용감하게 사랑하지 않는다고 말해야 한다. 무조건 문제를 회피하는 것은 상처를 줄이는 데 아무런 도움이 되지 않을뿐더러 문제를 더 복잡하게 만들어 더 큰 상처를 줄 수 있다. 그러므로 관계를

예민해서 미안해

이어 가든 정리하든 상대방에게 자신의 진실한 감정을 솔직하게
말하는 것이 가장 좋다.

친밀한 관계를
유지하는 두 가지 방법

어떤 관계든 기대치가 너무 높으면 오히려 독이 된다. 높은 기대감으로 상대방에게 만족하지 못하고 실망한다. 하지만 높은 기대감은 우리 유전자에서 자라는 잡초처럼 조금만 주의를 기울이지 않으면 급속도로 자라난다. 상대방에 대한 지나친 기대감을 억제하는 방법은 무엇일까?

1. 감정 계좌 만들기

바로 자신의 감정 계좌를 만드는 것이다. 감정 계좌란, 두 사람이 함께할 때 상대방을 행복하고 기쁘게 하기 위해 희생이나 노력 등 무언가를 할 때마다 감정을 입금하는 것이다. 반대로 상대방에게서 무언가를 얻거나 상대방에게 상처를 줄 때마다 감정을 출금하는 것이다.

이 감정 계좌의 입금과 출금이 비슷하면 안정적이고, 입금이 출금보다 크면 이익을 보지만 반대로 출금이 입금보다 크면 손해를 보게 될 것이다. 우리가 상대방에 대해 강한 기대감을 품고 있을 때가 바로 두 사람의 감정 계좌에서 출금을 하는 것이다. 이때, 상대방에게 이런 요구와 기대를 할 만큼 자신이 상대방을 위해 특별히 한 일은 무엇인지 자문해 보자. 이렇게라도 자신을 인식하면 내면의 실망과 불만을 어느 정도 통제할 수 있다. 왜냐하면 당신의 요구가 그렇게 정당하지 않다는 것을 깨닫게 되기 때문이다. 한 감독이 가족 관계에 대해 이런 말을 한 적이 있다.

"내가 아버지가 되고 남편이 되었다고 해서 당연히 그들의 존경을 받을 수 있다는 의미는 아니다. 나는 매일 그들의 존경을 얻기 위해 노력하며 일정 기준에 도달하려고 한다."

우리가 이렇게 이성적이고 객관적으로 문제를 바라볼 수 있을 때 친밀한 관계를 이어 가는 것이 수월해질 것이다.

2. 소통이 말다툼으로 끝나지 않게 하는 법

우리는 관계에서 소통이 중요하다고 항상 말하지만 실생활에서 소통이 가장 어렵다는 것을 안다. 두 사람이 대화하다가 언쟁을 하기도 하는데, 처음에는 점잖고 조용하게 시작했다가 나중에는 언제 터질지 모르는 폭탄을 안고 있는 것처럼 긴장되는 분위기가 이어지고 결국 서로 불쾌하고 찝찝하게 헤어진다. 열 번의 소통 중 아홉 번은 다툼으로 끝나고, 문제는 해결되지 않은 채 갈등은 더욱 깊어진다. 그렇다면 이런 문제를 피할 수 있는 좋은 소통 방법은 없을까?

먼저 마음을 다스리고 나서 일을 처리하자. 의사소통이 잘되려면 좋은 분위기가 필수다. 두 사람 모두 평온한 상태에 있을 때가 적합하다. 감정이 좋지 않으면 모든 것이 헛수고로 돌아간다. 그래서 분위기가 이상해지고 긴장감이 감돌면 일단 일시정지 버튼을 누르고 먼저 자신의 감정을 다스린다. 그 이유는 감정은 금방 생기고 금방 변하는데, 처음 몇 초 안에 우리 뇌는 이성적인 공백기에 들어갈 수 있기 때문이다. 이때 우리의 이성은 마비 상태에 가깝고, 감성이 우리를 완전히 지배해 보통 충동적인 행동을 일으키므로 감정을 표현하기에 좋은 단계는 아니다.

이것이 감정을 먼저 다스리고 나서 상황을 처리해야 하는 이유다. 마음속으로 조용히 숫자 10을 세며 마음을 진정시킨 다음 뇌가 다시 생각할 수 있을 때 감정을 표현한다면 많은 문제를 피할 수 있다.

두 번째 방법으로 상대방을 비난하기보다 자신의 감정을 표현하자. 자신의 감정을 표현한다는 것은 현재 자신의 감정이 어떤 상태인지 설명하는 것이다. 예를 들어 '매우 화가 난다', '지금 슬프다', '이해가 안 된다' 같은 표현은 매우 단순해 보이지만 가장 쉽게 간과되는 부분이기도 하다.

많은 사람이 소통할 때 자신의 감정을 표현하는 것처럼 보이지만 실제로는 상대방을 평가하고 비난하는 내용들로 가득하다. '당신은 정말 이기적이야', '나를 전혀 신경 쓰지 않아', '항상 나를 실망시켜' 등이 그 예다. 자신의 감정을 설명하는 것과 다른 사람을 평가하는 것의 가장 큰 차이는 전자는 공격성이 약해 상대방의 공감을 쉽게 이끌어 내어 당신을 이해하게 만드는 반면 후자는 감정적 대립과 논쟁을 불러일으켜 '네가 문제야', '아니, 네가 문제야'와 같은 서로 비난을 퍼붓는 상황을 만든다.

모두 알다시피 두 사람이 대립하는 상태에서는 의사소통이 제대로 이루어지지 않아서 좋은 결과를 얻기 힘들다.

세 번째 방법으로, 두 사람의 관계가 아닌 사실만 이야기하자. 예를 들어, 우리는 어떤 문제에 대해 이야기하고 싶지 않으면 종종 "나는 이 문제에 별로 관심이 없어, 우리 다른 이야기를 하면 어때?"라며 화제를 돌린다. 이것이 사실에 입각해서 이야기하는 것이다. 하지만 "넌 정말 재미없어. 맨날 지루한 얘기만 해."라고 한다면 이것은 상대방에 대한 인신공격이 되며, 두 사람이 싸우지 않더라도 기분이 상할 수 있다. 따라서 같은 일이라도 표현 방식이 매우 중요하다.

마지막으로 의사소통에서 분위기와 감정을 조절하는 것이 결코 쉽지 않다는 점을 다시 한번 강조하고 싶다. 이것은 개인의 행동 습관과 인식, 사람과 일에 대한 시각과 밀접한 관련이 있다. 이것은 모두 우리가 일상생활에서 천천히 성찰하고 조금씩 변화시켜야 할 것들이다. 심지어 평생 자신을 단련해야 할 수도 있다.

당장 못 해도 괜찮고, 가끔은 제어하지 못해도 괜찮다. 무엇보다 중요한 것은 인내심을 갖는 것이다. 더 많이 주면 더 많이 얻게 될 것이다. 자신의 감정을 더 잘 이해하고 점점 더 많은 상황에서 피해를 주지 않거나 상처를 덜 주는 방식으로 대응하면 친밀한 관계와 삶에 많은 긍정적인 변화가 일어날 것이다.

9장

인생의 사막을
무탈하게 건너는 법

우리가 받아들일 수 있든 없든,
상처는 삶의 일부다.

상처 없는 삶은 없다

중요한 회복탄력성

"어른의 삶에 '쉽다'라는 두 글자는 없다."

영화 〈웨더 맨The Weather Man〉에 나오는 명대사다. 누구나 문제에 부딪히고 좌절을 겪으며, 인생의 잔인한 순간을 마주한다. 심리학적 관점에서 보면 이러한 고통스러운 외부 경험은 우리 내면에 영향을 미치고, 심리 상태에도 크든 작든, 깊든 얕든 상처를 남긴다.

누군가 상처에 대해 이렇게 말했다.

"누구에게나 힘든 시기가 있다. 한밤중에 우리가 어떻게 얼마나 울부짖든 아무도 신경 쓰지 않는다. 그리고 다른 사람이 얼마나 공감하든 전혀 도움이 되지 않는다. 아무리 고통스럽고 지치고 아프고 견디기 힘들어도 오롯이 혼자서 견뎌 내야 한다."

피할 수 없으니, 우리 인생의 수많은 상처를 어떻게 다룰 것인가가 중요한 과제가 되었다.

감당할 수 있든 없든
상처는 인생의 일부다

내가 상담 실습을 하면서 만난 내담자들의 사례만 봐도 학업 문제나 가정 내 갈등, 정서적 혼란, 사회생활의 어려움 등 각기 다른 상처를 안고 오는 사람들이 많았다. 그들이 나에게 자주 했던 말 중 하나는 "희망이 없다"는 것이었다.

이것이 바로 트라우마가 우리에게 미치는 영향이다. 그 고통스럽고 혼란스러운 감정은 특별한 영역을 형성하고, 이 영역에서 많은 것들이 왜곡된다. 우리의 감정은 부정적이고 비관적인 차원에 갇혀 더 많은 실망과 고통, 무력감을 느끼게 한다. 그러다가 인생의 막다른 골목에 이르게 되고 다시는 나아질 수 없다고 확신한다. 정말 그럴까?

이런 문제에 부딪힐 때면 고등학교 동창이 떠오른다. 그녀는 수능을 망쳐서 할 수 없이 재수를 해야 했다. 경험해 본 사람은 알겠지만, 긴장감과 압박감으로 가득한 시간을 보낸다는 건 결코 쉬운 일이 아니다. 1년 동안 열심히 노력한 끝에 그녀는 꽤 좋은 점수를 받았지만, 불행하게도 지원 단계에서 실수하는 바람에 또 떨어지고 말았다. 당시 그녀가 느꼈던 무력감과 절망은 감히 헤아리기 힘들다. 그 후 가족의 위로와 격려를 받으며, 그녀는 결국 삼수를 시작했다. 그녀는 마침내 대학에 합격했다. 비록 평범한 학교였지만 그녀는 자신의 인생을 올바른 방향으로 이끌 수 있게 되었다. 대학에 들어간 후에도 그녀는 안주하지 않고 계속 노력한 결과, 마침내 남부의 한 유명 대학의 대학원에 들어가서 인생 역전을 이루었다.

살면서 어려움을 만나면 바로 쓰러지는 사람도 있고, 무한한 투지를 발휘하여 오직 자신의 의지로 인생의 바닥에서 벗어나는 사람도 있다. 이런 차이가 생기는 원인은 무엇일까? 심리학에서는 우리 각자의 '회복탄력성'과 관련이 있다고 본다.

회복탄력성이란 삶의 압박이나 고통, 어려움에 직면했을 때 긍정적인 방식으로 마주하고 소화할 수 있는 적응 능력을 말한다.

심리학자 조지 보나노George A. Bonanno는 회복탄력성을 심리적 면역 체계에 비유했다. 일반적으로 갑작스러운 심리적 압박을 당하면 반드시 두려움이나 슬픔, 불안 등 부정적인 감정의 반응을 보이게 되는데, 이때 회복탄력성이 마치 '방어막'이 되어 우리의 내면이 이런 감정에 무너지지 않도록 보호한다. 회복탄력성이 높은 이들은 좌절과 충격을 빠르게 극복하고 고통의 소용돌이에서 벗어나 삶을 정상적인 궤도로 돌려놓는다.

내성적인 사람이 트라우마를 마주했을 때 어떻게 하면 강한 회복탄력성을 가질 수 있을까?

모든 것을 마음에
담아 두지 마라

소설『노르웨이의 숲』에서 여주인공 나오코의 언니에 대한 묘사다.

그녀는 슬픔으로 불행을 대체했다. 보통 2~3개월에 한 번씩 오는데, 연속으로 2~3일을 자기 방에서 틀어박혀 잠만 잔다. 학교도 가지 않고 거의 아무것도 먹지 않는다. 방을 깜깜하게 해놓고 아무것도 하지 않았다. 멍하니 있었을 뿐 기분이 나쁜 것은 아니었다…. 그렇게 2~3일이 지나면 그녀는 갑자기 평소처럼 회복해서 아무렇지 않게 학교에 갔다.

우울하다고 꼭 소리를 지르거나 우는 건 아니다. 그저 조용히 혼자 있는 시간을 갖거나 한잠 푹 자면 된다. 이런 여유롭고 덤덤한 방법은 내성적인 사람이 가장 잘하는 것이다. 여기에는 여러 가지 이유가 있는데 내성적인 사람은 다른 사람에게 폐를 끼치고 싶어 하지 않기 때문이다. 감정은 사람에서 사람으로 전달되기 때문에 한 사람이 우울하면 다른 사람도 우울해질 수 있다. 다른 사람에게 부정적인 에너지를 주지 않으려면 조용히 있는 것이 가장 좋은 방

예민해서 미안해

법이다.

그리고 말하는 것보다 말하지 않는 것이 낫다고 느끼기 때문이다. 인간의 기쁨과 슬픔은 서로 통하지 않는다. 친한 친구나 가족일지라도 우리의 진짜 감정을 이해하기 어려울 때가 많다. 서로 다른 주파수를 사용하면 오히려 더 힘들어지고 급기야 슬퍼질 수도 있다. 차라리 혼자서 감정을 소화하는 게 낫다.

이런 자기 소화를 심리학에서는 '억압'이라고 한다. 억압의 작동 원리는 의식적으로 받아들이기 어려운 충동이나 욕망, 생각, 감정 또는 고통스러운 경험을 잠재의식으로 '밀어 넣어' 고통이나 불쾌감을 느끼지 않기 위해 억압된 내용을 인지하거나 회상할 수 없게 하는 것이다.

억압은 우리가 자주 사용하는 심리적 방어기제 중 하나로 우리가 좋아하지 않거나 직면하고 싶지 않은 많은 것들을 처리하는 데 도움을 준다. 가끔 이러한 억압의 내용을 인지할 수 있지만 특별한 경우에는 인지하지 못할 수도 있다.

내면의 소리

**"나는 불쾌한 기억을 잊었다고 생각했는데,
실은 그렇지 않았어요."**

한 내담자는 자신의 기억력에 문제가 있다는 것을 알게 되었는데, 불쾌하거나 나쁜 일이 발생하면 다음 날 마치 아무 일도 없었던 것처럼 그 일을 잊어버릴 수도 있다고 했다. 어느 날, 그녀는 평소 친하게 지내던 친구가 며칠 동안 연락이 없자, 이상해서 전화를 걸었다.

"왜 통 연락이 없어? 무슨 일 있어?"

그러자 친구가 화를 내며 말했다.

"무슨 소리야? 우리 며칠 전에 심하게 싸웠잖아, 벌써 잊었어?"

그녀는 친구와 싸웠던 기억이 전혀 없었다.

위의 내담자는 성장 과정 중 여러 가지 이유로 사람과 사람 사이의 다툼과 갈등에 매우 예민하고 그것을 견딜 만큼 단단하지 않았다. 그래서 이러한 고통을 피하기 위해 그녀의 잠재의식은 자동으로 억압의 과정을 시작했고, 비슷한 문제에 직면할 때마다 그녀는 '기억상실'을 겪게 됐다.

문제는 그 억압된 부정적 감정들이 정말 사라졌느냐는 것이다. 전혀 그렇지 않다. 단지 잠재의식 속에 저장되어 있을 뿐이다.

시간이 지나면서 문제의 기억들이 희미해지거나 잊혀질 수도 있지만 그 경험과 감정은 마음속 깊은 곳에 남아 있다. 억압된 감정의 쓰레기가 어느 정도 쌓이면 엄청난 에너지가 만들어진다. 우리가 이 에너지를 감당할 수 없을 때 그것을 해소할 수 있는 출구를 찾아야 한다.

———————— 예민해서 미안해

평소에는 성격이 너무 좋고 절대 화를 내지 않을 것 같은 사람이 아주 사소한 일에 갑자기 폭발해서 크게 화를 낼 때가 있다. 그 이유는 그가 과거에 부정적인 감정을 너무 많이 쌓아 두고 제때 해소하지 못해서 결국 감정 조절 능력을 상실했기 때문이다. 그 사람도 그렇게 하고 싶지 않았을지 모르지만 오랫동안 억눌렸던 감정이 댐이 터지듯이 작은 출구를 통해 분출되자, 그의 이성과 의지로는 이 압도적인 힘을 제어할 수 없는 지경에 이르렀다.

상처를 입었을 때 훌훌 털어 내는 방법 세 가지

우리 삶에는 적절한 억압도 필요하지만 억압이 과도해지면 감정을 다루기가 쉽지 않다. 시간이 지날수록 점점 불행해지고 이유 없이 우울함이 밀려올 수 있다. 우리에게 정서적인 문제로 인해 '상처'가 생겼다면 어떤 방법으로 치료할 수 있을까?

첫째, 믿을 수 있는 친구와 대화를 나누자. 누구에게나 한계가 있고, 그 누구도 혼자서 인생의 모든 문제를 해결할 수 없다. 스트레스나 억울한 일이 생겼을 때 믿을 수 있는 친구와 이야기를 나누거나 가족들에게 속마음을 털어놓는 것은 우리 안의 스트레스를 해소하고 심리적 쓰레기를 제거하는 가장 빠르고 효과적인 방법이다.

비록 주변 사람들의 지지가 심리상담사만큼 전문적이지 않을 수 있지만 '사랑받고 있다는 느낌'이 가진 힘은 어려움을 이겨 내는 힘이 된다. 회복탄력성이 강한 사람은 가끔씩 주변인과의 관계에서 에너지를 잘 흡수한다.

둘째, 운동 등을 통해 쌓여 있는 부정적인 에너지를 해소하자. 영화 〈포레스트 검프〉에서 주인공 포레스트 검프가 문제에 부딪히거나 이해할 수 없는 일이 생길 때마다 하는 행위가 바로 '달리기'다.

영화 속 달리기는 상징적 의미를 띠지만, 실제로 달리기는 몸과 마음을 다스리고 스트레스를 푸는 데 매우 효과적이다. 연구에 따르면 각종 항우울제보다 운동의 효과가 건강에 훨씬 유익하다.

달리기를 자주 하는 사람은 운동할 때 즐거움을 느낀다. 이는 운동량이 일정 단계를 초과하면 우리 몸에서 엔돌핀과 도파민을 분비하여 행복하고 만족감을 느끼게 하기 때문이다. 가끔 기분이 안 좋거나 우울해지면 포레스트 검프처럼 달려 보자.

셋째, 일기을 써 보자. 어느 글쓰기 책에서 "자신의 마음을 적어서 스스로 분석하는 것은 치유의 가장 빠른 길이다"라는 말을 본 적이 있다. 글쓰기를 통해 우리는 감정을 표출할 수 있다. 자신의 느낌과 여러 가지 정서를 적으며 붓끝에 호소하는 과정도 일종의 표현 과정이다. 일기를 쓰는 습관이 있는 사람이라면 누구나 이런 경험을 해 보았을 텐데, 어떤 걱정거리든 일단 쓰고 나면 마음이 편안해지고 스트레스도 훨씬 덜해진다.

이것이 바로 우리가 심리학에서 자주 말하는 '치유'라는 것이다. 또한 글쓰기는 내면으로의 여행이기 때문에 기록이 늘어날수록 자기 인식력도 더욱 강해진다. 지금 직면하고 있는 문제를 어떻게 생각하는지, 문제를 보는 다른 관점이 있는지 등 이러한 분류를 통해 우리는 문제를 보다 이성적으로 깊이 들여다 볼 수 있다. 계속해서 일기를 쓰면 마음가짐이 점점 성숙해지고 내면도 더욱 강해지는 것을 알게 될 것이다. 어떤 의미에서 자신의 이야기를 쓰는 데 익숙한 사람은 마치 심리상담처럼 자기 자신과의 대화를 더 잘할 수 있다. 일기 쓰기는 자기 자신을 치유하는 가장 효과 좋은 방법이다.

감정적 트라우마에서
벗어나지 못하는 이유

좋아하는 사람과
헤어지는 현명한 방법

우리는 관계를 통해 사랑을 주고받기도 하고, 상처를 주고받기도 한다. 상담을 하다 보면 감정적 트라우마를 겪는 사람들을 자주 만나게 된다. 두 사람의 관계는 이미 오래전에 끝났고, 벌써 헤어진 지 몇 년이 지났음에도 불구하고 여전히 거기서 벗어나지 못한다. 끝이 보이지 않는 깊은 구덩이에 빠진 것처럼 온 세상이 잿빛으로 변한 것 같다고 말하는 사람도 있었다.

내담자와 대화를 하다가 질문을 던졌다.

"헤어진 후에 감정 정리는 어떻게 했어요?"

그녀가 대답했다.

"그냥 열심히 일만 했어요. 퇴근하고 집에 오면 운동이나 집안일을 하고 요리를 했어요. 최대한 다른 일을 하면서 이별을 생각하지 않으려고 했어요."

이것은 대부분 사람들이 시도하는 매우 전형적인 방법이다. 심리학에서는 이렇게 감정적 트라우마에 대처하는 방식을 '보상전이법'이라고 한다. 너무 고통스럽고 감당하기 힘든 일이 생기면 자신의 관심을 다른 데로 옮겨서 내면의 스트레스를 해소한다. '나를 힘들게 하는 일을 아예 생각하지 않으면 내가 다칠 일은 없다'는 타조 효과와 비슷하다.

이 방법이 유용할까? 심리전문가들은 대부분의 트라우마가 시간이 지나면 사라지지만 일부는 여전히 그 자리에 남아 어느새 괴물이 되어 서서히 우리의 에너지를 집어삼키고 그림자를 드리워 인격, 심지어 운명에도 영향을 미친다고 본다.

감정을 반추하는
사람들

어떤 사람들이 심리적 그림자와 트라우마에 쉽게 갇힐까? 내성적인 사람 가운데 자주 반추하는 사람들이 감정적 트라우마에서 벗어나기 힘들다. 반추적 사고란 과거에 일어난 일이나 다른 사람이 한 말, 그때의 표정, 그리고 이러한 상황 뒤에 숨겨진 다양한 가능성을 반복적으로 생각하는 것을 말한다. 반성하지 않는 삶은 살 가치가 없다고 소크라테스가 말했지만 반성의 수준이 한계를 넘어서면 자신을 괴롭히는 또 다른 문제가 될 뿐만 아니라 정신적 소모의 소용돌이에 빠지게 된다.

반추의 과정에서 화살을 다른 사람에게 돌리는 사람도 있다. 그들은 과거의 감정적 경험을 돌이켜 볼 때, 상대방에게 받은 여러 나쁜 기억들을 끊임없이 찾으며, 모든 잘못은 상대방에게 있고 지금 자신을 이토록 고통스럽고 무기력한 상태로 만들었다고 생각한다. 그리고 이 생각은 점점 확대되어 분노를 부추긴다. 우리는 흔히 사랑이 미움을 낳는다고 말하는데, 실제로 그런 경우가 꽤 많다.

이런 식으로 문제에 접근하다 보면 피해자 콤플렉스에 빠지기 쉽다. '피해자 콤플렉스'란 무슨 일을 겪든 자신을 피해자로 여기고, 다른 사람의 말이나 행동 등 잘못으로 인해 상처받고 고통 속에 머물러 있다고 생각하는 감정적 관념이다.

'다른 사람 때문에 내가 상처를 입다니, 너무 억울해. 이건 내가 해결할 일이 아니야.'라고 생각하면 다른 사람이 잘못을 인정하고 당신을 수렁에서 건져 줄 때까지 마냥 기다리게 된다. 그러나 현실에서는 아무도 당신의 감정을 신경 쓰지 않으며 누구도 당신을 구하러 오지 않는다. 결국 이들은 분노할수록 원망하고, 원망할수록 분노하게 되는 무한한 분노와 원망의 굴레에 빠진다. 겉으로 보면 다른 사람을 용서하지 못한 것 같지만 사실은 자신을 용서하지 못하는 것이다. 결국 상처받는 것은 자신뿐이다.

또 반추의 과정에서 자신에게 화살을 돌리는 사람도 있다. 그들은 감정적 실패를 자신의 실패로 동일시하고 끊임없이 '나는 별 볼일 없는 사람이야. 매력도 없고 사랑스럽지 않아. 아무도 나를 좋아하지 않을 거야.'라며 자기 부정에 빠진다.

감정적 실패를 자기 부정과 동일시하면 사람들과 어울리는 것이 두려워진다. 이런 사람은 새로운 배우자를 만나거나 교제할 때 더 방어적으로 변하고 벽을 높이 쌓는다. 그들은 새로운 관계도 실패할까 봐 걱정한다. 앞서 언급했던 자기실현적 예언처럼 자기 방어 기제가 강할수록, 새로운 관계의 실패를 두려워할수록 새로운 관계를 시작할 가능성이 낮다. 상대방은 당신의 방어적 상태를 보고 관계에 진심이 아니라고 여겨 멀어질 수 있다. 이후에 새로운 관계를 시작하고 싶어도 결코 쉽지 않다. 이런 상황에서 감정적 트라우마를 극복하기 위해 무엇을 해야 할까?

감정적 트라우마에서
벗어날 수 있다

첫째, 자신이 감정적 트라우마에서 벗어나지 못하는 이유는 무엇인지 스스로 생각해 보자. 무력감 때문일 수도 있고, 상처받은 것에 대한 분노와 그것을 받아들이지 못하는 자존심 때문일 수도 있으며, 여전히 피해자 콤플렉스에 빠져서 현재 상황에 대한 모든 책임을 다른 사람에게 전가하고 있기 때문일 수도 있다. 아니면 단순히 감정적 실패라는 현실을 받아들이고 싶지 않기 때문일 수도 있다.

당신을 가장 괴롭히는 이유를 찾아보고 실제로 그런지 이성적으로 분석해 볼 필요가 있다. 물론 감정이나 느낌에 의존해서 문제를 바라보는 사람들도 있는데, 이들은 이성적으로 생각하는 것에 익숙하지 않아 분석이 어려울 수도 있으니, 주변 사람들에게 도움을 요청하여 다른 사람에게 분석을 의뢰하는 것도 좋은 방법이다. 여건이 허락한다면 전문가에게 심리상담을 받는 것도 좋다.

둘째, 자신의 귀인 방식을 조정하라. '귀인attribution'이란, 자신이나 다른 사람의 행동과 그 결과를 추론하는 과정으로, 결과의 원인이 어디서 왔는지 찾아내는 것이다. 귀인 방식에는 '내부적 귀인'과 '외부적 귀인'이 있는데, '내부적 귀인'은 원인을 자신에게 돌리는 것으로, 모두 자신의 잘못이라고 생각한다. 반면에 '외부적 귀인'은 원인을 외부로 돌리고, 다른 사람의 잘못이나 타이밍의 오류, 운이 좋지 않았다고 생각한다.

내성적인 사람은 문제의 원인을 자신에게 돌리는 경향이 특히 강하다. 사랑과 관계에서 문제가 발생했을 때, 그들은 자신이 충분히 좋은 사람이 아니기 때문에 진정한 사랑을 얻지 못한다고 여긴다. 계속 이렇게 생각할수록 자존감은 끝없이 낮아진다.

이러한 상황에 대비해서 우리는 자신의 귀인 방식을 바꿀 필요가 있다. 감정은 오로지 두 사람의 일이며, 상대방이 당신을 떠났다고 해서 당신이 나쁜 사람이라는 의미는 아니다. 단지 두 사람이 맞지 않았을 뿐이다. 감정에는 좋고 나쁨이 없고, 그저 서로 맞는지 안 맞는지만 있을 뿐이다. 감정의 실패로 자신을 부정하는 것은 이성적이지 않다. 그건 당신의 잘못이 아니라, 잘못된 것은 감정 자체일 뿐이라는 사실을 기억해야 한다.

더 나아가, 잘못된 감정을 경험했다고 해서 그 경험이 전혀 가치가 없는 것은 아니다. 한 번의 실패 경험을 통해 우리는 이전에 볼 수 없었던 자신의 모습을 볼 수 있게 된다. 이것을 계기로 자신을 더 잘 이해하고, 부족한 부분을 끌어올려 더 훌륭한 사람으로 거듭날 수 있다면 실패는 더 이상 실패가 아니라 우리에게 소중한 인생의 경험이 될 것이다. 어쨌든 사랑은 결과와 상관없이 사람을 성장시킨다.

각자의 인생에는
고유한 리듬이 있다

나만의 리듬으로 나답게 사는 법

시간은 앞으로 나아가지만 우리 삶은 그렇지 않다.

"우리가 벌써 서른 살이라니, 이 나이가 되면 인생의 정점을 찍었어야 했는데, 이혼까지 하고 혼자서 삭막한 도시를 떠돌고 있어. 한참을 돌고 돌아서 결국 인생이 원점으로 돌아온 느낌이야. 이 알 수 없는 상실감과 막막함은 대체 뭐지?"

친구의 말을 듣고 있다 보니, 작가 무라카미 하루키가 한 말이 떠올랐다.

"주변 사람들은 이미 멀리 가버렸고 오직 나와 내 시간만이 수렁 속에서 힘겹게 살아가고 있다."

학창 시절, 1학년을 마치면 2학년이 되고, 중학교를 졸업하면 고등학교에 들어가는 것처럼, 어른이 되어도 고정된 리듬과 통일된 시간표가 있어서 어느 나이에나 그 나이에 맞는 삶을 살 것이라고 생각

——————— 예민해서 미안해

한다. 하지만 늘 예기치 못한 일들이 우리 삶의 발걸음을 어지럽히고, 우리가 예상했던 삶의 궤도에서 벗어나게 한다. 친구들은 결혼했는데 아직 혼자이거나, 둘째 아이를 가질 때 이혼하는 경우가 그렇다. 별안간 찾아온 홀로 된 느낌은 언제나 우리를 불안하게 만들고, 심지어 내 인생조차 나를 버렸다는 공포감에 사로잡히게 한다.

사실 당신은 버림받은 것이 아니다. 우리의 인생 자체가 어디로 던져질지 모르는 무작위한 과정과 같다. 영화 〈포레스트 검프〉에 "인생은 초콜릿 상자와 같아요. 다음에 무슨 맛이 나올지는 아무도 몰라요."라는 명대사가 있는데, 이보다 우리 인생을 정확하게 표현한 말이 있을까 싶다. 우리는 모든 것을 알 수 없다.

인생은 바다를 항해하는 것처럼 어느 방향으로든 갈 수 있지만 그다음에 무엇을 만나고, 무엇을 경험할지는 아무도 모른다. 화창한 날씨와 순풍을 만나 몇 마일 더 멀리 이동할 수도 있겠지만 폭풍우나 소용돌이, 암류를 만나면 그 안에 갇혀 고통 속에서 허우적거릴 수도 있다.

폭풍우나 소용돌이를 좋아하는 사람은 없다. 우리는 좌절과 예기치 못한 일, 하나의 일에 지나치게 많은 시간과 에너지를 소비하는 것을 좋아하지 않는다. 그러나 이것은 대부분의 사람들에게 불가피한 일이다.

자신만의 리듬으로
산다는 것

우리는 늘 어딘가에 갇혀 있다. 진로에 갇혀 있는 사람은 되는 대로 직업을 선택한다. 그다지 좋아하는 일은 아니지만 자신이 무엇을 좋아하는지, 무엇을 할 수 있는지 모른 채 그 길을 갈 수밖에 없다. 관계에 갇혀 있는 사람은 누군가와 친밀한 관계로 나아갈 생각만 해도 거부감을 느껴서 결혼 공포증에 시달리거나, 자신에게 상처를 주는 나쁜 남자(여자)들만 만나면서 관계 안에서 안정감을 느끼지 못한다. 이러면 안 된다고 생각하지만 마음대로 되지 않는다. 그렇다면 우리의 생활 방식이 잘못된 것일까?

사실 인생에는 저마다 고유한 리듬이 있다. 이 리듬은 100미터 달리기처럼 짧게 빨리 달리는 리듬도 아니고 마라톤처럼 오래 꾸준히 달리는 리듬도 아니다. 그저 자신에게 맞는 리듬을 타면 된다. 만약 당신이 한동안 승부욕이 강해서 누가 더 잘 살고 더 행복한지 다른 사람과 비교하고 그 자극적인 우월감을 좋아했다면, 그것이 바로 그 시기에 당신의 리듬이다. 또 한동안 너무 지쳐서 아무것도 신경 쓰지 않고 혼자서 조용히 있고 싶다면, 그것도 바로 그 시기에 당신의 리듬이다.

심지어 '뒤로 돌아가는 것'을 허용할 수도 있다. 결혼 생활이 불행하다면 아무리 오랜 시간 함께했더라도 결혼의 굴레에서 벗어나 언제든지 싱글로 돌아갈 수 있다. 전혀 문제 되지 않는다. 즉, 인생의 리듬을 미리 설정하고 모든 사람이 그 리듬을 따라서 사는 것이 아니라, 우리의 경험에 맞게 인생의 리듬을 설정하면 된다.

자신의 리듬이 너무 느리다고, 너무 복잡하다고, 너무 삐뚤삐뚤하다고 생각하지 마라. 사람이 모두 다른 것처럼 인생 리듬도 다를 수밖에 없고 결코 비교할 수 없다. 다른 사람보다 빨리 결승선에 도착하는 것도 멋진 일이지만, 걷다가 멈춰서 주위도 돌아보고, 가능하면 잔디밭에 누워서 한숨 자고 일어나 다시 걷는 것도 나쁘지 않다.

그러니 상처를 너무 두려워하지 말고, 하나의 일에 오래 머무르는 것도 너무 신경 쓰지 않아도 된다. 우리가 인생에서 겪는 모든 고통과 상처는 마치 생명처럼 나름의 고유한 시간 주기를 가지고 있다. 때가 되면, 다른 사람의 말 한마디로도 깨어날 수 있다. 하지만 아직 때가 아니면 아무리 발버둥 쳐도 소용없다. 오히려 발버둥 칠수록 더 고통스러울 뿐이다.

이 점을 이해하면 나쁜 일도 불쾌한 일도 담담하게 받아들일 수 있다. 그리고 당신과 세상은 더 이상 대립 상태가 아니라 동반 상태가 된다. 이것은 당신을 더 긍정적이고 낙관적인 태도로 살아가게 하며 인생의 어려운 시기를 더 잘 극복하도록 돕는다.

우울할 때 써먹는
자기 치유법 43가지

인생에는 우울한 순간이 있기 마련이다. 우리 몸이 가끔 아픈 것처럼 우울은 마음이 걸리는 '감기'와 같아서 우리를 불편하게 한다. 기분이 좋지 않을 때, 어떻게 하면 좋을까? 내성적인 사람이 우울한 감정을 이겨 내는 데 도움이 되는 43가지 팁을 공유한다.

1. 혼자서 조용한 곳을 찾아 멍하니 있으면서 마음을 비워 보자.
2. 방으로 들어가서 커튼을 친 후 휴대폰을 끄고 자고 싶은 만큼 푹 자자.
3. 이불을 껴안고 잠시 울어 보자.
4. 이어폰을 끼고 가장 듣고 싶은 노래를 반복해서 들어 보

자.

5. 혼자서 몰래 술을 마셔 보자. 조금 우울할 때는 맥주를, 정말 우울할 때는 소주를 마시자. 단, 취하지 않도록 주의하자.

6. 샤워를 하며 몸에 붙은 모든 우울한 감정을 씻어 내자.

7. 자신과 대화를 나누며 나를 위로하고 때론 화도 내보자.

8. 고양이나 개를 쓰다듬어 보자.

9. 집 안 청소를 하자. 모든 것을 깨끗이 정리하고 필요 없는 물건은 버리자.

10. 소파에 누워 가장 좋아하는 영화를 보자.

11. 밤을 새워서 아무것도 하지 않거나 하고 싶은 대로 무엇이든 해 보자. 시간에 무뎌지자.

12. 일기를 쓰면서 자신의 감정을 표현해 보자.

13. 자신의 SNS 프로필 사진을 바꿔 보자.

14. 미용실에 가서 머리를 자르며 걱정이 사라지는 느낌을 경험해 보자.

15. 혼자서 목적 없이 걸어 보자.

16. 해변 모랫가에 앉아서 바람을 느껴 보자.

17. 혼자서 멋진 식당에 가서, 테이블 가득 음식을 시켜서 배불리 먹어 보자.

18. 늦은 밤, 육교 위에 서서 도시의 불빛을 감상해 보자.

19. 헬스장에 가서 지쳐 쓰러질 정도로 운동을 해 보자.

20. 창가에 앉아서 나무와 풀밭에 떨어지는 빗방울 소리를 들어 보자.

21. 혼자 수영을 하면서 물고기라고 상상해 보자.

22. 달달한 디저트를 잔뜩 사서 마음을 달래 보자.

23. 아무 버스나 타고 뒷자리 창가에 앉아 시내를 돌아다녀 보자.

24. 시장을 둘러보며 상인들의 생기를 느껴 보자.

25. 한 번도 가본 적 없는 도시로 훌쩍 여행을 떠나 보자.

26. 열심히 일해서 우울한 틈을 주지 말자.

27. 집 안의 수건, 의자, 물컵 등과 대화를 나눠 보자.

28. SNS에 자신의 기분을 적었다가 1분 후에 삭제해 보자.

29. SNS 피드의 게시 기간을 3일만 볼 수 있게 설정해 보자.

30. 과거에 저지른 실수를 되돌아보고 어쩔 수 없었다고 말해 보자.

31. 인생과 삶의 의미에 대해 생각해 보고, 우울함을 학문적 가치로 바꿔 보자.

32. 과거나 미래의 자신에게 편지를 써서 지금의 상태를 알

예민해서 미안해

려 주자.

33. 게임을 해 보자. 특히 축구 게임이 좋다.

34. 가능하다면 런던의 공원에서 비둘기에게 먹이를 주거나, 뉴욕의 광장에서 눈 내리는 풍경을 감상해 보자.

35. 책을 읽으며 다른 세상에 몰입해 잠시 자신과 고민을 잊어버리자.

36. 집에 있는 스마트 인공지능과 대화를 나눠 보자.

37. 침대에 누워 눈을 감고 이 모든 슬픔은 뇌의 환상일 뿐이라고 말해 보자.

38. 집 안의 오래된 물건들을 뒤져 보자. 예전에 썼던 일기나 친구들과 주고받은 편지 등이 때로는 신기한 치유력을 발휘하기도 한다.

39. 평소에는 감히 하지 못하는, 규칙에서 벗어나는 일을 해 보자.

40. 좋아하는 사람의 사진이나 SNS를 보면서 에너지를 얻자.

41. 명상을 통해 자신의 내면을 들여다보자.

42. 온라인 구매로 자신에게 꽃다발을 선물해 보자.

43. 자신에게 "아무리 혼란스러워도 침착함을 잃지 말자."라고 얘기해 주자.

10장

직장에서 내성적인
나를 표현하기

열심히 노력하지만, 다른 사람이
그 노력을 볼 때에야 비로소 당신이
얼마나 노력하는지 인정받을 수 있다.

성실한 사람일수록
무시당하는 이유

인지적 구두쇠에게는
표현해야만 한다

　　　　　직장 내 내성적인 사람은 업무 처리가 꼼꼼하고
여러모로 성실해서 주변 동료와 상사들에게 인정받지만, 존재감
이 그리 크지 않아서 중요한 순간에 다른 사람보다 고과 점수가 낮
거나 승진 속도가 느리고, 연봉 협상에서도 드라마 같은 반전이 일
어나지 않는 경우가 많다. 이런 상황이 발생하는 이유는 무엇일까?
흔히 우리가 생각하는 것처럼 회사 대표가 사람 보는 눈이 없거나
그의 비위를 맞추는 직원들에게만 특혜를 주기 때문일까?

　　이 질문에 답하기 위해 먼저 성실한 사람이 가진 장단점을 살펴
볼 필요가 있는데, 장점부터 살펴보자.

* 항상 성실하게 일하고 오로지 일을 통해 자신을 드러내는 것을 선호
  한다.

* 자신이 이룬 성과를 일부러 드러내지 않는다.
* 리더가 어떤 일을 맡겨도 성실하게 수행한다.
* 사람들과 논쟁하는 일이 거의 없고 자기 일에만 집중한다.

다음으로 성실한 사람의 단점을 살펴보자.

* 사람들과 거의 소통하지 않으며 다른 사람의 생각이나 관심사를 이해 하지 못한다.
* 자신을 표현하는 데 서투르고 리더나 동료에게 자기 생각을 잘 표현하 지 않는다.
* 자신의 노력을 알아봐 주기를 기대할 뿐, 업무 성과를 적극적으로 내 세우지 않는다.

직장 생활에서 성실한 것은 선호되는 성품이다. 하지만 우리가 쉽게 간과하는 부분은 바로 '눈에 띄는 것'이다.

보여지지 않으면
아무도 알지 못한다

열심히 노력하는 사람이라는 건 알지만, 다른 사람이 그 노력을 볼 때에야 비로소 당신이 열심히 노력한다고 인정받을 수 있다. 업무에서도 마찬가지다. 아무리 열심히 일해도 그 성과를 다른 사람에게 보여 줘야 그들도 당신이 실제로 얼마나 노력했는지, 얼마나 큰 성과를 이뤘는지 인정한다. '내가 회사를 위해 얼마나 노력하는데, 아직도 모른다고? 내 입으로 꼭 말해야 하나?'라고 생각할 수 있지만 실제로 말을 해야 할 때가 많다.

사회심리학자 맥과이어McGuire는 '인지적 구두쇠cognitive miser'라는 중요한 이론을 발표했는데, '인지적 구두쇠'란 인지적으로 많은 에너지를 쓰면서 깊게 생각하는 것을 싫어하는 것을 말한다. 다른 사람을 볼 때 전면적이고 깊이 있는 이해를 하기 어렵다는 의미다. 반대로 시간과 에너지를 절약하기 위해 보통 게으름을 피우며, 과거의 경험과 현재의 감정을 기반으로 단순하고 빠른 판단을 내린다.

충분히 자신을 표현하지 못하면 다른 사람은 그들의 일관된 성향대로 당신을 이해하고 판단하기 때문에 오해가 생기기 쉽다. 특히 회사에서는 직위가 높을수록 처리해야 할 문제가 많아지고, 난

이도도 높아지기 때문에 부하직원과 의사소통에 할애할 시간과 에너지가 줄어들 수밖에 없다. 이런 상황에서 자신을 제대로 표현하지 않는다면 상사는 나의 진면목을 알기 힘들다.

열심히 일하는데도 주목받지 못하는 이유는 회사의 리더들이 성실하고 착실한 사람을 싫어해서가 아니라, 회사 생활을 하면서 그들에 대한 충분한 이해가 부족했기 때문이다. 이해는 신뢰의 전제 조건이며 아무도 자신이 잘 알지 못하는 사람을 승진시키려 하지 않는다. 이는 성실하게 일하는 사람들이 인정받기는 쉬우나 승진하기는 어려운 결과를 초래한다.

따라서 내성적인 사람이 직장에서 빠르게 성장하고 싶다면 반드시 갖추어야 할 중요한 능력은 바로 '표현력'이다. 외향적인 사람은 만화경처럼 다양한 패턴과 방법으로 자신을 최상으로 드러낸다. 이런 표현 방식은 화려하지만 내성적인 사람에게는 적합하지 않다. 그렇다면 내성적인 사람에게 어울리는 표현 방식은 무엇일까?

간결한 언어로
포괄적인 정보를 전달한다

면접을 보러 가거나 고객을 방문할 때 어쩔 수 없이 마주하는 상황이 있다. 바로 자기소개다. 자신이나 회사, 단체를 간단히 소개하는 것은 개방형 질문이라 어떻게 대답해도 크게 상관없지만, 이런 질문을 통해서 말하는 사람의 표현 능력을 확인해 볼 수 있다.

어떤 사람은 답변 자체가 논리적이지 않고 생각나는 대로 대답한다. 그리고 '좋아요', '괜찮아요' 같은 모호한 언어를 자주 사용한다. 말하는 사람은 자신이 무슨 말을 하는지 알지만, 듣는 사람은 진이 빠지고 정확한 의도와 의미를 파악하기 어렵다.

직장 내 의사소통에서 뭔가를 표현해야 할 때 고려해야 할 사항은 바로 '간결함'이다. 간결한 언어로 포괄적인 정보를 전달해야 한다. 과도한 수식어나 휘황찬란한 형용사도 필요 없다. 우리 뇌가 처리할 수 있는 정보의 양은 제한되어 있어서 표현이 복잡할수록 상대방은 이해하기 힘들어지고 시간이 흐를수록 지쳐서 그나마 주의 깊게 듣지도 않을 것이다. 어쩌면 빙빙 돌려서 말하는 사람이 환영받지 못하는 이유도 같은 맥락이다. 듣다가 너무 힘들어서 지쳐 버리는 것이다.

우리가 해야 할 일은 상대방에게 전달하고자 하는 메시지의 내용이 무엇인지 이해시키는 것이다. 이때는 '간단명료'가 핵심이다. 복잡한 정보를 이해하기 위해 우리 뇌가 사용하는 일반적인 처리 방법은 분류다. 우리는 상대방이 말하는 복잡한 내용을 들으면서 무의식적으로 '무슨 얘기를 하고 있지? 몇 가지 주요 포인트로 나눌수 있나?'를 생각한다.

이것은 단순함과 명료함뿐만 아니라 논리성도 중요한 원칙임을상기시킨다. 우리가 논리적으로 조리 있게 말할수록 다른 사람이듣기 편안하고 받아들이기도 쉽다. 내성적인 사람은 복잡한 것을단순화하고, 가장 중요한 핵심을 파악하는 방법을 배워야 한다. 우리의 목표는 다른 사람들이 우리를 더 정확하게 알 수 있도록 하는것이므로 최대한 간단하고 명료하고 조리 있게 표현해야 한다. 이것을 기반으로 우리는 자신에게 맞는 언어 표현 프레임을 구축할수 있다. 직장에서 간단하면서도 내성적인 사람에게 적합한 언어표현 프레임은 다음과 같다.

정보의 내용 + 정보의 핵심

간단한 예를 들어 보자. 영업사원이 상사에게 업무를 보고할 때이렇게 말할 수 있다.

"과장님, 어제 A 고객과 통화했습니다. 제품에 관심이 있긴 하지만 협력하려면 세 가지 조건을 충족해야 합니다. 첫째, 대금과 관련하여 먼저 70%를 선지급하고, 제품 수령 후 잔금을 지급해야 합니다. 둘째, 주문 후 1주일 이내에 제품 도착이 보장되어야 합니다.

셋째, 제품 품질에 하자가 있을 경우 위약금 20%를 부담해야 합니다. 과장님 생각은 어떠십니까?"

이러한 정보 전달은 매우 간결하고 명확하며 논리적이어서 상사는 고객의 조건과 요구 사항을 명확하게 이해하고 그에 따른 결정을 수월하게 내릴 수 있다.

이런 표현의 프레임은 특별함 없이 매우 단순해 보이지만, 듣는 사람은 무의식적으로 상대방의 말이 매우 편안하게 느껴진다. 원래 진리는 단순하고 이해하기 쉽다고 하지 않는가.

나에게 맞는 방식을 찾아
자신을 드러낸다

물론 직장에서는 표현 방식이 매우 다양하게 나타난다. 말하는 것 외에도 글로 소통할 수 있다. 거의 모든 회사가 일일 보고서와 주간 보고서, 월간 보고서를 작성하도록 한다. 보고서 작성 업무가 상당히 번거롭고 반복적인 일이다 보니, 사람들은 대개 대충대충 작성하기도 한다. 사실 보고서는 상사가 부하직원의 업무 진행 상황을 확인하고 업무 능력을 파악하는 데 매우 중요한 수단이다.

내성적인 사람은 말로 표현하고 의사소통하는 데 익숙하지 않을 수 있지만, 글로 자신의 생각과 견해를 표현할 때는 여유가 느껴질 정도로 자연스럽다. 따라서 일상적인 업무 보고에 성실하게 임하고 이 기회를 잘 활용하면 상사가 자신을 이해하고 심지어 주목하게 만드는 효과도 얻을 수 있다.

또한 현재 SNS 채널이 다양해지면서 상급자와 하급자의 관계든, 동료 간이든 대부분 업무나 프로젝트를 진행할 때 단체 채팅방이나 특정 커뮤니케이션 소프트웨어를 통해 소통이 이루어진다. 온라인으로도 문자 메시지뿐만 아니라 음성 메시지도 얼마든지 보낼 수 있다. 외향적인 사람은 효율성을 중시하여 반응 속도가 빠른 음성 메시지를 선호하는 편이다. 반면에 내성적인 사람은 음성 메시지를 그다지 선호하지 않지만, 문자 메시지로도 충분히 자신을 표현할 수 있다. 물론 반응 속도가 조금 느릴 수 있지만 생각을 정리할 수 있는 시간을 벌 수 있기 때문에 더 깊고 신중한 표현이 가능하다.

우리 사회가 디지털화하면서 일상뿐만 아니라 직장에서도 대면 소통이 비대면, 즉 온라인 소통으로 대체되기 시작했다. 이것은 말하기의 중요성이 약화되고 의사소통에서 글쓰기의 비중이 크게 늘어났다는 것을 의미한다. 어떤 의미에서 내성적인 사람에게 이러한 변화는 행운일 수 있다. 내성적인 사람은 생각하기를 좋아하고

예민해서 미안해

자신의 생각을 글로 쓰는 것을 좋아하지만, 그것을 말로 표현하는 것은 그다지 좋아하지 않는다. 그러므로 가능한 한 글로 자신을 표현하여 다른 사람들이 충분히 이해할 수 있도록 하는 것이 좋다. 자신에게 맞는 표현 방법을 찾아 자신을 드러내어 다른 사람이 자신을 더 잘 알 수 있도록 한다.

말하기 불안을
극복할 수 있을까?

충분히 준비하면
마음이 편해진다

       말하기는 공공장소에서 자신의 의견을 말하고 이과 관련된 내용을 공유하는 것이다. 직장에서도 말하기는 매우 중요한 능력이다. 신제품을 출시했을 때 제품 소개를 할 수도 있고, 임원들 앞에서 연간 계획을 발표할 수도 있다.

    이외에도 회사에서 회의할 때 리더와 동료들 앞에서 프로젝트 진행 상황이나 최근 일주일 동안의 업무 상황을 보고하는 것도 그렇고, 협력 파트너가 방문했을 때 방문자에게 회사를 소개하는 일도 있다.

    말하기는 외향적인 사람에게는 큰 문제가 되지 않는다. 심지어 이런 상황을 즐기는 사람도 있다. 하지만 일부 내성적인 사람에게는 정말 큰 도전이다. 일부 내성적인 사람들은 대중 앞에서 말해야 한다는 생각만으로도 상당한 불안과 공포를 느낀다.

                                          예민해서 미안해

**"신입 직원이었을 때, 자기소개를 해보라는데
한마디도 못 했어요."**

유난히 내성적인 동료가 있었는데, 그녀가 내성적인 성격 때문에 고
민이 많았어요. 회사에 처음 왔을 때, 과장님이 팀원들 앞에서 자기소
개를 하라고 했어요. 그냥 간단하게 이름이랑 고향, 맡은 업무, 그리
고 회사에 대한 느낌을 말하면 되는데, 그녀는 갑자기 얼굴이 빨개지
더니 거의 1분 동안 한마디도 하지 못했어요.

말하기에 이토록 불안을 느끼는 이유는 무엇일까? 이유는 간단
하다. 말하기를 두려워하는 것은 인간의 본능이다. 조금 더 깊이 들
여다보면 다른 사람의 시선 때문이다.

"그렇게 많은 눈이 나를 쳐다보고 있다고 생각해 봐. 어떻게 긴
장하지 않을 수 있겠어!"

내 친구도 연설에 앞서 떨리는 마음을 주체하지 못했다. 심리학
에서는 이러한 현상을 '시선 공포증'이라고 부른다. 우리가 흔히 알
고 있는 주목 공포증이나 무대 공포증도 비슷한 맥락이다. 장소나
무대 규모와 관계없이 혼자 일어서서 말하면 사람들이 주목할 수
밖에 없다. 주목을 받는 것만으로도 내성적인 사람들은 충분히 압
박감을 느낀다. 시선은 관심의 의미뿐만 아니라 공격의 의미도 포

함한다. 예를 들어 동물의 세계에서 치타가 사슴을 예의주시한다는 것은 사슴이 곧 치타의 공격을 받아 잡아먹힐 위험에 처했다는 의미다.

불안감은 지극히 정상적인 감정이다

시선은 사람을 긴장시키고 심지어 공포를 느끼게 한다. 어떤 사람이 아무 말도 없이 계속 당신을 쳐다본 경험이 있는가? 처음에는 그냥 넘어갈 수 있지만 시간이 지날수록 마음이 불편해지고 불안함까지 느낄 수 있다.

이것으로 미루어 보아 수많은 시선이 집중될 때, 심리적으로 얼마나 강한 스트레스를 받을지 짐작할 수 있다. 따라서 긴장하거나 불안해하거나 심지어 두려움을 느끼는 것은 피할 수 없는 일이며, 지극히 정상적인 반응이다.

물론 과도한 불안과 두려움이 정상적인 표현에 영향을 준다면 이것은 문제로 인식하고 시간과 에너지를 들여 조정할 필요가 있다. 어떻게 조정하면 좋을까?

우선, 자신에게 합리적인 목표를 설정해야 한다. 우리가 말하기 공포증을 극복한다는 것은 마음속에 두려움이나 긴장감이 전혀 없어야 한다는 말이 아니다. 실제로 거의 모든 사람이 대중 앞에서 연설할 때 긴장감을 느낀다. 심지어 사람들 앞에 자주 서는 사람들도 무대에 오르기 전에 하나같이 긴장한다. 그러니 우리가 말하기 공포증을 극복한다고 할 때 두려움이나 긴장감을 전혀 느끼지 않는 것은 절대 불가능한 일이다. 이는 아주 소수만이 도달할 수 있는 경지다.

합리적인 목표는 비록 여전히 불안하고 긴장되고 두려움을 느낄지라도 그것을 견딜 수 있으며, 그러한 내면의 긴장과 두려움이 외적인 표현에 영향을 미치지 않도록 하는 것, 그것만으로 충분하다. 그런 의미에서 말하기 공포증 극복을 통해 얻고자 하는 것은 두려움을 없애는 것이 아니라 '잘 다루는 것'이다.

두려움을 어떻게
다뤄야 할까?

연설 전에 준비는 필수다. 어떤 일을 할 때 충분한 능력과 자신감이 있는지가 불안의 정도를 결정한다. 말하기도 마찬가지다. 만약 당신이 말할 내용을 충분히 준비했다면 내면의 두려움을 효과적으로 완화시킬 수 있다. 구체적으로 어떤 준비를 해야 하는지는 말하기의 실제 상황에 따라 다르므로 여기서는 자세히 언급하지 않겠다.

무슨 일을 하든, 마음을 편안히 가져야 당신의 상태도 더 좋아진다. 그러나 늘 극도의 긴장 상태에 있으면 작은 일에도 실수하기 쉽다. 이것은 누구에게나 적용되는 절대적 진리나 다름없다.

긴장을 푸는 방법에는 여러 가지가 있다. 하나는 우리 몸의 긴장을 풀어 주는 것이다. 중요한 연설 전날 잠을 푹 자면 다음 날 정신이 맑아지고 마음이 편안해진다. 또한 연설을 시작하기 전에 심호흡을 하거나, 조용한 곳에서 마음을 안정시키는 음악을 듣는 것도 긴장을 푸는 데 도움이 된다.

우리 몸의 긴장뿐만 아니라 마음의 긴장도 풀어 줘야 하는데, 이를 위한 몇 가지 방법을 살펴보자. 심리상담사들이 자주 사용하는 시각적 상상력을 활용해 볼 수 있다. 조용한 장소를 찾아서 눕거나 편안한 의자에 앉은 다음 상상력을 발휘하여 머릿속으로 시뮬레이션을 해 보자. '지금 당신은 강연장에 서 있다. 연설 내내 명확한 발음과 자연스러운 표정, 자신감 넘치고 당황하지 않는 태도를 보인다. 많은 사람이 당신의 이야기를 집중해서 듣고 있고, 그 이야기를 너무 좋아한다. 지금 당신의 이야기를 듣고 있는 사람들은 가족이나 친한 친구들이어서 당신을 해치지 않을 것이며, 오직 지지하고

예민해서 미안해

격려할 것이다.'

이러한 상상을 통해 당신은 심리적 수준에서의 자기 최면이 되어 실제 연설을 할 때 차분함을 유지하고 불안함을 현저히 낮출 수 있다.

다음으로 말하기 기술을 훈련한다. 마지막 방법이자 중요한 방법은 말하기 기술을 훈련할 기회를 포착하는 것이다. 책을 읽거나 온라인 강의를 통해서 시선 처리나 목소리 톤, 자세 등 기본적인 의사소통 기술을 배울 수 있다. 또한 다른 사람이 어떻게 소통하는지 관찰한 다음 실전에서 직접 따라 해 보고 다시 검증하고 익히는 과정을 통해 자신의 말하기 기술을 지속적으로 향상시킬 수 있다. 물론 가능하다면 일부 연설자나 강연자가 모여 있는 조직에 가입하는 것도 좋다. 경험을 공유하고 교환함으로써 공공 연설 능력을 향상시킬 수 있다. 이것은 지속적으로 축적되는 과정으로 많은 노력이 필요하다. 결코 한 번에 이루어지지 않는다. 하지만 말하기 능력을 키우는 것은 말하기에 대한 당신의 마음가짐을 변화시키는 데 결정적인 역할을 한다.

다른 사람을 설득하는
두 가지 경로

상대방이 귀를 기울이지
않을 수 없다

직장 생활을 하다 보면 다른 사람을 설득해야 하는 상황을 자주 만난다. 예를 들어 상사가 당신의 기획안에 동의하도록 설득하거나, 동료들이 당신의 새로운 아이디어를 받아들이도록 설득해야 한다. 본질적으로 설득은 자신의 생각과 의지를 다른 사람의 머릿속에 집어넣고 그 사람이 자신에게 '순종'하도록 하는 과정이다. 어떤 의미에서 이것은 의식적인 '이식'이나, '침범'이라고 볼 수 있다. 누군가 우리를 설득하려 한다고 느낄 때, 심리적으로 본능적인 경계심이 생기기 때문에 다른 사람을 설득하는 일은 쉽지 않다.

그런데 잘 살펴보면 다른 사람을 설득하는 데 능하고 그들에게 영향을 미치는 사람이 많다는 사실을 알 수 있다. 어떻게 가능할까? 이제 심리학적 관점에서 설득력에 영향을 미치는 요소들을 자세히 살펴보자. 다른 사람을 설득하려고 할 때, 가장 먼저 부딪히는 문제는 '무엇을 말해야 하는가'이다. 여기에 두 가지 선택지가 있다.

＊사실에 근거한 중심경로 설득

'중심경로 설득'이란 오직 사실에 근거해 말하는 것이다. 문제를 둘러싼 사실을 말하고 이치를 따지며 체계적이고 전면적인 분석을 통해 자기 생각의 정확성과 합리성을 증명하는 방법이다. 이 방법으로 다른 사람을 설득하는 것은 상대방의 논리적 사고를 겨냥한다. 상대방이 논리적이고 깐깐한 사람이라면 통찰력이 깊고 해결 방안이 더 높은 차원일수록 상대방의 동의를 얻기가 쉽다.

내성적인 사람은 중심경로 설득 방식을 선호하는 편이다. 앞서 언급했듯이 내성적인 사람 대부분이 깊이 사고하고 이해력이 뛰어나서 분석 능력이 훨씬 강하기 때문이다. 중요한 사안일수록, 결정적인 정책일수록 중심경로 설득 방식이 중요하다.

＊마음을 움직이는 주변 경로 설득

일리가 있는 말이라고 사람들이 반드시 그 말을 듣는 것은 아니다. 실직한 친구 앞에서 실직의 이해득실을 분석한다면 설령 그 말이 일리가 있다 하더라도 듣기 힘들어할 것이다. 그러나 과거 실직 경험과 그 당시 느꼈던 감정을 공유하며 동일한 어려움을 겪었다는 사실을 알려 주면 감정적 공감이 일어나 이성적인 설명을 할 때 좀 더 설득력이 높아지고 슬픔을 치유하는 역할도 할 수 있다.

이것이 바로 '주변 경로 설득'이다. 이 설득 방식은 문제 자체에 초점을 두지 않고, 문제와 관련된 주변 사건에 주목하여 그 영향력을 통해 사건에 대한 사람들의 관점을 바꾸려고 한다. 주변 경로 설득은 사람의 감정적인 사고를 겨냥하는데, 사람의 감정을 자극해서 다른 사람의 판단과 결정에 영향을 미친다.

심각한 질병을 앓고 있는 환우를 위한 기금을 모금할 때, 질병이 사람에게 미치는 피해와 영향만 나열해도 기부금은 모을 수 있지만 큰 액수를 모으긴 힘들다. 하지만 환우가 병과 싸우는 감동적인 이야기를 들려주면 더 많은 사람의 공감과 기부를 이끌어 낼 수 있다.

이것이 바로 감성의 힘이다. 결정에 영향을 미치는 것은 대개 이성이 아니라 감성일 때가 많다. 때로 결정을 내리기 어려울 때도 있지만 일단 마음이 움직이면 결정을 내리기 쉽다.

따라서 다른 사람의 마음을 부드럽게 만질 수 있는지도 설득력에 영향을 미치는 중요한 요소다. 내성적인 사람에게는 주변 경로의 설득 방식이 상대적으로 잘 안 맞을 수 있다. 다른 사람에게 영향을 미치는 능력을 향상하고자 한다면 이 방식을 터득하는 데 많은 노력을 기울여야 한다.

설득력에 영향을 미치는 요소는 다양하기에 살면서 천천히 관찰하고 정리해 나가면 된다. 만약 내성적인 사람이 말주변도 없는데 의사소통 기술도 익히지 않고 무조건 자신의 모습으로만 교제하려 한다면 어떻게 해야 할까?

만약 당신이 그런 상황이라면 진정성을 배워야 한다. 진정성 있는 사람은 구체적인 소통 과정에서 설득력이 약할 수 있지만 다른 사람들로부터 신뢰를 쉽게 얻을 수 있다. 그리고 일단 깊은 신뢰가 생기면 설득력은 저절로 강해진다. 물론 이러한 설득력은 단지 말솜씨에서 나오는 것이 아니라, 당신의 인격적 매력에서 나온다.

성공한 사람들은
대부분 내성적이다

호감을 주고 존경을 받는다

　　내성적인 사람은 조용하고 과묵하다. 평소에도 워낙 말이 없고 사람이 많은 곳에서도 자신을 드러내길 꺼리다 보니 대개 직장에서도 존재감이 별로 없고 영향력이 미미할 것이라고 착각하기가 쉽다. 정말 그럴까?

　　직장은 빠르게 변화하고 경쟁이 치열한 곳으로, 성취욕이 강한 사람은 자신을 표현하고 자신의 가치를 알릴 모든 기회를 잡으려고 애쓴다. 만약 당신이 동료나 상사 앞에서 말을 잘하지 못하거나 표현하기를 주저한다면 다른 사람들이 당신을 이해하는 데 있어 높은 장벽을 세우는 꼴이다. 사람들이 당신을 이해하지 못하는데 어떻게 당신의 가치를 발견할 수 있을까?

　　이는 같은 금이라도 어떤 금은 강바닥에서 반짝반짝 빛나 한눈에 알아볼 수 있는 반면, 당신의 금은 강바닥 깊숙이 파묻혀 있어

　　　　　　　　　　　　　　　　　　　　　예민해서 미안해

그것을 캐내려면 많은 시간과 노력을 들여야 하는 상황과 같다. 당연히 강바닥에서 반짝이는 금이 인기가 많고, 그것들을 모두 건져낸 후에야 당신 차례가 올 것이다. 이것이 바로 직장의 생존 논리다. 너무 조용하게 가만히 있으면 무시당하기 십상이다.

내성적인 사람은 그저 말이 없을 뿐이지, 직장에서 묻혀서 지내지는 않는다. 뉴턴과 아인슈타인, 링컨, 간디, 마크 저커버그, 빌 게이츠 등이 다 내성적인 사람들이다.

미국의 한 조사에서도 성공한 사람 중 내성적인 사람의 비율이 무려 70%에 달하는 것으로 나왔다. 그러므로 내성적인 사람들이 직장에서 존재감이 없다는 것은 사실이 아닌 고정관념일 뿐이다. 사실 내성적인 사람만의 장점이 있는데, 잠재력을 충분히 활용하면 다른 사람들의 눈에도 빛나는 별이 될 수 있다.

내성적인 사람은 어떤 부분부터 노력해야 할까? 영향력을 연구하는 전문가 카렌 렁Karen Leong은 영향력에는 두 가지 핵심 요소가 있다고 말한다. 바로 '호감'과 '존경'이다. 자세히 들여다보면 호감은 관계적인 측면으로 주변 사람들이 당신을 좋은 사람이라고 느끼면 당신을 좋아하고 당신을 새롭게 바라보게 될 것이다. 존경은 일적인 측면으로 주변 사람들이 당신이 능력과 경력을 겸비하고 많은 성과를 거두었다고 생각하면 마음속으로 당신을 존경하게 될 것이다. 동료들과 상사 앞에서 자신의 영향력을 가지고 싶다면 인간성과 일 처리 두 가지 측면에서 시작할 수 있다.

자기만의 카리스마
장착하기

어떤 사람은 다른 사람에게 잘 보여야만 사랑받을 수 있다고 생각한다. 상대방에게 잘 보이고 기분을 맞춰 주는 것이 정말로 그 사람의 사랑을 얻을 수 있는지 없는지를 떠나서, 설령 얻을 수 있다고 해도 그런 사랑은 상대방을 '내려다보는' 사랑에 불과하다. 기껏해야 동정심이나 연민일 뿐이며 존중과는 거리가 멀다.

심리학적 관점에서 볼 때, 인간은 무의식적으로 강한 것을 동경한다. 당신이 강해질수록 사람들은 당신을 따를 것이다. 그러므로 높은 수준의 사랑은 '우러러보는' 사랑이다. 당신 안에 특별한 에너지와 매력이 있어서 사람들을 놀라게 하고 설득할 수 있다면 그런 사랑만이 진정한 존중으로 변할 수 있다.

그러기 위해 필요한 것이 카리스마다. 카리스마란 다양한 사람들과 교류하면서 느끼는 감정이다. 마치 에너지 장^場처럼 우리의 심리 상태에 영향을 미친다. 압박감이나 존경심, 친밀함도 포함된다. 카리스마가 강한 사람은 말투나 태도가 남다른 편인데, 말할 때의 어조, 리듬, 눈빛, 표정, 몸짓 등 비언어적 방식으로 표현되는 경우가 많다.

* 확고한 눈빛 대화할 때 상대의 눈을 보며 이야기하는 것을 좋아하며, 눈빛에 에너지가 가득하고 빛이 나는 듯 강렬하다.
* 강력한 표현 자기만의 생각이 있고 그것을 믿는다. 표현할 때 자신감이 넘치고 주저하는 법이 거의 없다.
* 여유로운 태도 걷거나 앉을 때도 여유로운 분위기를 풍기고 행동에 거리낌이 없다.

카리스마가 강한 사람은 크게 두 가지 유형으로 나눌 수 있다. 하나는 '기세등등한 유형'이다. 이런 사람은 과시욕과 정복욕이 강해서 압도당하는 느낌을 준다. 다른 하나는 따뜻한 '봄바람 유형'이다. 이런 사람은 온화하고 지혜롭고 친화력이 넘쳐서 친해지고 싶은 마음이 든다.

카리스마가 강한 사람은 독특하고 개성 넘치는 매력에 다른 사람에게 영향력을 미치는 능력까지 겸비해 직장에서 주로 지배적인 위치에 자리하고 남들이 쉽게 얕보지 못한다. 강한 카리스마를 갖추려면 어떻게 해야 할까?

첫째, 비권위적 언어 사용을 피한다. 언어에는 권력적 속성이 있으며, 서로 다른 언어 형태는 말하는 사람이 다른 사람에게 미치는 영향력을 강화하거나 약화한다. 그렇다면 어떤 말이 우리의 영향력을 약화시킬까?

말할 때 적당히 얼버무리는 식으로 '조금 실망스럽지만…', '저는 아마도…'와 같은 문장을 자주 사용하면 듣는 사람은 당신이 무언가 찔리는 게 있다고 생각한다.

또 말할 때 '정말 미안한데…', '실례지만…'처럼 지나치게 공손하고 예의 바른 표현을 자주 사용한다고 치자. 상황에 맞게 적절히 예의를 갖추는 것은 괜찮지만, 상황에 관계없이 지나치게 예의를 차리면 겸손하기보다는 열등감에 사로잡힌 사람이라고 생각한다.

그리고 '확실하지 않지만…', '이렇게 말하는 게 적절하지 않을 수도 있지만…' 같은 부정적인 표현을 자주 사용하는 것 또한 사람들에게 자신감이 없는 느낌을 준다.

이 같이 비권위적 언어는 말하는 사람의 카리스마가 부족해 보이기 때문에 가능한 한 피해야 한다. 카리스마가 강한 사람은 말할 때 직접적이고 명확하며, 강력하다.

둘째, 신체 언어에 주의를 기울인다. 카리스마가 강한지 약한지

예민해서 미안해

를 알려면 먼저 그 사람의 눈빛을 보면 된다. 눈빛이 흔들리고 불안정하며, 사람들과 눈을 마주치지 못하는 것은 자신감이 없다는 방증이다. 반면에 지속적으로 눈을 맞추는 사람은 자신감이 넘쳐 보이고, 상대방에게 주목받고 중요하게 여겨진다는 느낌을 주어 더 깊은 교제 의지를 북돋아 준다.

내성적인 사람 중에 다른 사람과 대화할 때 눈을 마주치기 어려워하는 사람이 있는데, 어떻게 하면 좋을까? 직접적인 눈 맞춤이 어렵다면 대화 중에 상대방의 눈과 코 사이의 삼각형 부위를 주시하는 기술을 시도해 볼 수 있다. 그러면 실제로 그렇지 않지만, 상대방은 당신이 그들을 주시하고 있다고 느낄 수 있다.

눈빛 외에도 서 있을 때는 등을 곧게 펴고 고개를 높이 들어야 한다. 앉아 있을 때는 팔짱을 끼지 말고 최대한 편안한 자세로 양팔을 벌리는 것이 좋다. 팔짱을 끼는 것은 방어적인 자세로 소극적으로 보이는 반면, 자연스럽게 팔을 벌리고 있으면 마음가짐이나 사고가 개방적으로 보일 수 있다. 비록 작고 단순한 제스처에 불과하지만 사람들은 당신이 자신감 넘치는 사람이라고 느낄 것이다.

신체 언어를 통해 자신의 카리스마를 표현하고 싶다면 눈빛이나 표정, 몸짓 그리고 전반적인 정신 상태까지 신경 써야 한다. 물론 카리스마를 표현하는 방법을 아는 것만으로는 충분하지 않다. 그 이면에 어떤 심리가 작용하는지 이해해야 한다.

앞서 언급했듯이 같은 카리스마를 가진 사람이라도 그것을 표현하는 방식은 전혀 다르다. 그러나 외형적인 형식이 아무리 다르더라도 몇 가지 공통된 특성은 있다. 강한 카리스마를 가진 사람들의 핵심적인 심리적 특성은 자신감이다. 인지심리학에서는 인간의 핵심 신념을 세 가지로 본다.

* 나는 능력이 있는가?
* 나는 인기가 있는가?
* 나는 가치가 있는가?

카리스마가 강한 사람은 이 세 가지 신념에 대한 대답이 모두 긍정적이며, 이것은 주로 자신에 대한 인정에 근거한다. 그들은 일반적으로 확고한 신념과 강한 자의식을 가지고 있으며 다른 사람이나 외부 환경의 영향을 덜 받는다.

예민해서 미안해

대체 불가한 사람 되기

핵심 가치를 지니고 있는가?

내성적인 사람은 직장 생활을 하면서 상사로부터 제대로 된 평가를 받지 못하는 이유가 자신의 여러 문제와 부족함 때문이라고 생각하는 오류를 자주 범한다. 이 문제들을 모두 해결해야만 직장 내 입지를 굳히고 한 단계 더 발전할 수 있다고 여긴다.

문제의 화살을 자신에게만 돌리면 문제는 해결될 수 없다. 이것은 나뿐만 아니라 다른 사람들도 마찬가지다. 일을 잘하는지는 결점과 부족함의 유무로 결정되는 것이 아니라 자신이 붙들고 있는 핵심 가치에 달려 있다.

'핵심 가치'란 개인의 뛰어난 능력을 말한다. 당신에게 다른 사람이 할 수 없는 독특한 능력이 있고 다른 사람이 평균적으로 하는 일을 매우 잘 해낼 수 있다면, 당신은 핵심 가치를 가진 사람이다.

자신만의 핵심 가치가 있으면 당신이 가진 능력은 대체되기 어렵기 때문에 회사 대표나 상사와 게임을 할 수 있는 자본이 된다. 또 핵심 가치가 있으면 당신이 가진 능력은 사회적 희소 자원이기 때문에 다른 사람과 협력할 수 있는 자본이 된다. 자신의 핵심 가치를 발견하고 그것을 다듬고 최적화하는 데 시간과 에너지를 투자한다면 당신의 경력에서 몇 배의 결과를 얻을 수 있다.

속도보다
중요한 가치가 있다

내성적인 사람들이 어떤 영역에서 탁월함을 보이는지 함께 살펴보자. 어떤 사람들은 굉장히 성실하게 일하고 세부 사항에 매우 엄격하며 완벽을 추구한다. 이런 사람들은 대규모 프로젝트 사업이나 재무 관련 영역에서 매우 환영받을 것이다. 어떤 사람들은 책임감이 강하고 상사가 지시한 일을 점검하거나 재촉하지 않아도 스스로 완성해 낸다. 이들은 적극적이며 팀 내에서도 무한 신뢰와 인정을 받는다. 또 어떤 사람들은 사고가 깊고, 특히 업무 중에 발생하는 문제를 더 깊이 파고들 줄 알며, 장기적인 안목을 갖췄다. 이런 사람들은 기술 분야나 특정 전문 분야에서 환영받을 것이다.

물론 이외에도 내성적인 사람의 장점은 아주 많다. 자신만의 독특한 강점을 이해하고 그 강점을 꾸준히 개발해서 다른 사람과 대체할 수 없는 사람이 되어야 한다. 그러면 팀 내에 없어서는 안 될 중요한 존재로 거듭날 수 있다.

내성적인 사람들의 핵심 가치에는 한 가지 공통점이 있다. 다른 사람보다 뛰어난 능력이 상대적으로 숨겨져 있어서 한눈에 발견하기 어렵다는 점이다. 하지만 사람들과 더 많은 시간을 보낼수록 상사나 동료들은 점차 당신의 독특함을 인식할 것이다.

직장에서 자신의 존재감이 낮고 주목받지 못하더라도 조금 더 인내심을 갖고 외로움을 견뎌 내자. 자신의 진로 방향을 확정한 이상, 침착하게 기다리는 법을 배워야 한다. 어차피 직장에서 최후 승자는 처음부터 가장 빨리 달린 사람이 아니라 가장 안정적으로 달린 사람이다. 이유는 아주 단순하다. 직장도 전쟁터처럼 변화무쌍, 예측불허이기 때문이다. 어느 회사든 사람들이 들고나는 것은 정상적인 일이며, 처음에는 나보다 뛰어나고 능력 있는 것처럼 보였던 사람도 나중에 알고 보면 그저 '종이호랑이'에 불과했다는 사실을 결국 깨닫게 될 것이다. 물론 처음부터 나보다 잘난 사람도 있지만 몇 년 후 그들이 더 높은 목표를 향해서 중간에 회사를 옮기거나 창업할 수도 있다. 이는 당신에게 승진할 기회가 되어 돌아온다. 이런 기회는 인내심이 있고 외로움을 견딜 줄 아는 사람에게만 주어진다. 만약 당신이 이 기회를 잡는다면 팀 내에서의 위치가 바뀌는 것은 물론 영향력도 서서히 커진다.

  내성적인 사람들이 영향력을 확장할 수 있는 또 다른 중요한 시점은 회사가 위기에 처했을 때다. 모든 회사는 경영 과정에서 이러 저러한 위기를 맞이한다. 위기는 능력이 부족한 사람에게는 위험하지만 진짜 능력이 있는 사람에게는 좋은 기회다.

  계속해서 자신의 능력을 쌓아 가면 위험에 직면하여 모두가 막막해하거나 뒤로 물러설 때 누구보다 용감하게 나서서 분위기를 전환하고 위기를 극복할 수 있다. 이는 직장에서의 영향력뿐만 아니라 개인의 경력에도 중요한 의미가 있다. 특히 위기가 많을수록 기회를 더 많이 잡을 수 있다.

진정으로 좋아하는 일을 해라

에너지가 생기고
자신의 가치를 느낀다

직장에서 영향력 있고 중요한 사람이 된다는 것은 하루아침에 이루어지는 것이 아니라, 오랜 시간이 쌓이고 쌓여 만들어지는 결과다. 이것은 우리가 성품을 닦는 것이든 업무 능력을 키우는 것이든 꾸준한 마음가짐이 필요하다는 것을 의미한다.

일단 꾸준함이라고 하면 많은 사람이 의지력이나 끝까지 버텨내는 결심을 떠올릴 테지만, 실제로 우리의 일이 주로 의지력에 의해 지속된다면 그것은 결코 오래가지 못한다. 의지력은 부상당한 운동선수가 처치하는 밀폐 요법 같아서, 단기적이고 일시적이다. 모든 장기적인 일에는 지속할 수 있는 안정적인 동력이 필요하다.

내성적인 사람에게 오래도록 지속 가능한 동력은 무엇일까? 그것은 자신이 정말 좋아하는 일을 하는 것이다. 진심으로 좋아하는 일은 장기간 지속할 수 있으며, 감정적으로 항상 열정을 유지하고 그러한 행동은 습관이 될 수 있다.

심리학자 고든 올포트Gordon Allport는 인간에게 '기능적 자율성'이 있다고 했는데, 이는 바로 우리의 취미를 말한다. 그것은 동기의 가장 깊은 수준으로 사람들이 자발적으로 탐구하고 행동하도록 유도한다. 다만 가끔 자신이 좋아하는 일을 하는 것이 많은 위험을 감수하는 것처럼 보이기 때문에 이 단계를 수행하는 것을 두려워한다. 그러나 경험한 사람들은 이러한 위험이 대개 피상적이라는 것을 안다.

소속감과 자신의 가치를 느낀다면
올바른 방향이다

세상에 쉬운 일은 없다. 좋아하든 싫어하든 무슨 일을 하든 어려움과 좌절에 부딪히고 엄청난 스트레스를 받을 것이다. 그러나 여기서 차이점은 마음속으로 좋아하지 않는 일에 직면하면 그 스트레스가 고통처럼 느껴지지만, 좋아하는 일이라면 의미 있는 끈기라고 생각한다는 것이다.

객관적으로 말해서, 우리는 심리적으로 가치가 있다고 생각하는

　　　　　　　　　 예민해서 미안해

한, 어느 정도의 스트레스는 기꺼이 견뎌 낼 의향이 있다. 그리고 좋아하는 일을 하는 것은 우리의 노력을 위한 최고의 투자처이기 때문에 더 기꺼이 지속하고자 할 것이다. 실제로 그것을 경험한 사람이라면 어떤 변화가 일어날지 잘 안다. 이를 통해 자신의 성취 가능한 한계에 도달할 수 있다.

심리학에서는 모든 사람이 다르다고 말한다. 유전적 요인의 영향으로 각자 독특한 성격과 기질을 가지며, 가족과 성장 경험의 영향으로 각자 독특한 인식과 신념을 형성하게 된다. 이는 우리가 어떤 면에서는 능숙할 수 있지만 다른 어떤 면에서는 부족할 수 있다는 사실을 깨닫게 한다. 진심으로 좋아하는 일을 할 때만이 각자가 지닌 최대 잠재력을 발휘할 수 있다.

정말 좋아하는 일을 만나면 집중하고 몰입의 기쁨을 느낄 수 있다. 이런 상태라면 일이 효율적으로 이루어질 뿐만 아니라 끊임없이 영감이 샘솟는다. 이러한 경험의 축적은 우리의 능력과 장점을 계속해서 강화하여 결국 핵심 경쟁력이 된다.

자신이 진정으로 좋아하는 일을 해야만 자아실현의 만족을 경험할 수 있다. 매슬로Abraham H. Maslow의 욕구 단계 이론에 따르면 자아실현은 모든 욕구 중 가장 높은 단계에 자리하고 있다. 사람이 생리적 욕구와 안전의 욕구, 애정과 소속의 욕구, 존중의 욕구를 모두 만족시켰다고 해도 자아실현에 도달하지 못하면 여전히 초조하고 불안하다.

물론 진짜 좋아하는 일이 아니더라도 우리가 훌륭하게 일을 해낼 수 있다. 그러나 이런 탁월함은 외적인 성취감에 기초한 것이기에 내면에는 크게 와닿지 않아 진정한 만족감이 없다.

그렇다면 진짜 좋아하는 일인지 어떻게 알 수 있을까? 진정으로 좋아하는 일은 내면의 소속감에서 비롯된다. 심지어 성취의 자극을 받지 못하더라도 일을 하는 과정에서 진심으로 기쁨을 찾을 수 있다. 정말로 좋아하는 일을 할 때 자신의 잠재력이 끊임없이 발굴되고 마음이 편안해지면서 성장하는 것을 느낄 수 있다.

에너지가 넘치고 자신의 가치를 느낄 수 있는 일이 있다면 그것은 의심할 여지 없이 '옳은 일'이다. 이때 두려워하거나 피하지 말고, 용기를 내어 추구하고 실천해 보자. 언젠가는 그 일을 선택한 자신에게 감사하게 될 것이다.

예민해서 미안해

윗사람 공포증
줄이는 법

많은 내성적인 사람이 직장에서 윗사람 공포증에 시달리고 있다. 이는 권위적인 사람이나 직장 상사 앞에서 긴장하거나 심지어 두려움을 느끼는 것을 말한다. 그들은 퇴근 후 길에서 상사를 만나면 모른 척 지나가고, 상사와 같은 엘리베이터에 타면 당황하고 불안해한다.

이런 경우 자신을 어떻게 조절해야 할까? 윗사람 공포증은 직장에서 매우 흔하게 나타난다. 한편으로 이것은 개인의 성장 경험과 관련이 있다. '호랑이 아빠'나 '호랑이 엄마'처럼 엄격한 부모 밑에서 자랐다면 원가정에 문제가 있을 수도 있다. 지나치게 엄격한 양육 방식은 심리적인 조건 반사를 형성하게 한다. 어렸을 때 부모님을 무서워하던 사람은 직장 생활을 시작하면서 상사를 무서워하게 된다.

다른 한편으로 개인의 성격과 관련이 있을 수 있다. 내성적이고 소심하며 자존감이 낮은 사람은 자기 비하적 경향이 있어서 항상 다른 사람은 대단하게 보고 자신은 형편없다고 생각하기 때문에 자신의 상사를 대면할 때 마음이 약해지고 두려워하는 심리가 생기기 쉽다.

이 문제를 해결하려면 먼저 평정심을 가지고 상사를 평범한 사람으로 대해야 한다. 상사에 대한 두려움은 대부분 상대방을 지나치게 권위적이고 위엄 있는 존재로 상상하는 데서 비롯된다. 이런 상상은 대부분 현실과 맞지 않는다. 그러므로 상대방이 실제 생활에서 어떤 상태인지 더 관찰하고, 동료들의 눈에는 상사가 어떤 사람인지도 알아본다. 실제 상황에 대한 느낌과 다른 사람의 관점을 통해 상대방도 자신처럼 평범한 사람임을 깨달으면 리더에 대한 두려움이 훨씬 줄어든다.

다음으로 자신을 믿어야 한다. 스스로 '나는 누구에게도 뒤지지 않고 열심히 일하고 기회를 잘 잡는다면 앞으로 엄청난 성과를 이룰 수 있고, 심지어 상사보다도 더 대단한 사람이 될 수 있다.'라고 상기시키자. 우리가 자신을 신

예민해서 미안해

뢰하고 미래에 대해 동경과 확신을 가질 때, 권위에 대한
두려움의 소용돌이에서 벗어날 수 있다.

예민해서 미안해

펴낸날 2025년 1월 10일 1판 1쇄

지은이 우멘
옮긴이 박영란
펴낸이 김영선, 김대수
편집주간 이교숙
책임교정 나지원
교정·교열 정아영, 이라야, 남은영
경영지원 최은정
디자인 검정글씨 민희라
마케팅 신용천

펴낸곳 더페이지
주소 경기도 고양시 덕양구 청초로 10 GL 메트로시티한강 A동 20층 A1-2002호
전화 (02) 323-7234
팩스 (02) 323-0253
홈페이지 www.mfbook.co.kr
출판등록번호 제 2-2767호

값 18,800원
ISBN 979-11-94156-07-9(03190)

더페이지와 함께 새로운 문화를 선도할 참신한 원고를 기다립니다.
이메일 dhhard@naver.com (원고 및 기획서 투고)